一生涯にわたる
安心を！

障害のある子が受けられる支援のすべて

社会福祉法人
和枝福祉会
監修

ナツメ社

はじめに

障害のあるわが子の将来をふと想像したとき、悩んだり、ときにあせりを感じたりしてしまうものです。子どもが幸せに暮らしていくためになにが必要なのか、なにに心がけておかなければならないのか、よくわからず漠然とした不安を募らせているのが、多くの家族の姿かもしれません。

しかし、足りない部分に目を向けて不安を募らせるよりも、前向きな考え方をもって準備しておくことのほうが、子どもにとって必要ではないでしょうか。

じつは自治体の福祉支援、民間のサービスなど、障害のある子どもをサポートする施策は数多くあります。その情報を知ることで、これから先、なにを考えておかなければならないのかが見えてきます。

本書では、障害のある子どものための支援や制度について、できるだけ幅広く紹介しています。一つひとつについて深く掘り下げるよりも、役立つ情報をなるべく多くと取り上げています。

冒頭には、その子が生涯にわたって受けられる支援やサービスについて年齢を追ってまとめました。どんなサポートがどの時点で受けられるのか、イメージできるように工夫しています。

パート1は就学期の、パート2では就労期のサポートについてまとめました。パート3は日常生活の幅広い支援について、パート4では障害年金の制度についいて解説しています。パート5とパート6では、親亡き後の子どもの生活がテーマです。これは、誰が面倒をみてくれるのか、お金は足りるのかなど、家族がもっとも不安に感じることかもしれません。残された子どもにどんな支援があるかを紹介しています。

本書で紹介している支援サービスは、あくまで一例です。紹介しているサービスを実施していない自治体もあります。また、需要と供給のバランスが悪く、サービスが上手に機能していない場合もありますから、かならずお住いの地域の自治体に尋ねましょう。

大事なことは、子どものライフステージにおいて、助言や支援を提供し、家庭とともに子どもの成長に寄り添ってくれる社会福祉法人や団体を、お住まいの地域でみつけることです。制度やサービスはどんどん変化していきます。なかなか個人で新しい情報を得るのは難しいでしょう。

つねに相談できる社会福祉法人や団体の存在があれば、最新の情報や先を見すえた助言を得ることができますし、子どもの選択肢も広がり、よりよい生活を送れる可能性があります。本書がそのきっかけになれば幸いです。

社会福祉法人 和枝福祉会

当法人では、日常的に「障碍」を使用していますが、現行の法令、制度名は「障害」を使用しているため、混乱を避けるために本書では「障害」で統一しています。

目次

パート1 誕生から学校卒業まで

パート2
仕事に就くとき・就いてから

パート3 生活を支える主なサービスと利用法

パート4 20歳になったら受給できる障害年金

パート5 親が亡くなる前に考えておきたいお金のこと

パート6

親が亡くなった後の子どもの生活はどうする？

ケア

プロローグ

障害のある子のライフステージとサポート

誕生から高齢になるまでのライフステージ

障害のある子もない子も、人生の節目でさまざまな選択をしなければなりません。

障害のある子の場合は、子どもに代わって親が選択しなければならないことが多いかもしれません。

ここでは、子どもの誕生から高齢になるまでのライフステージを確認しておきましょう。

生まれたばかりの赤ちゃんは、ひとりでは生きていけません。手がかかります。障害のある子は、そうした時期がさらに長く続くかもしれません。だからこそ、両親やお母さんが少しでもゆとりがもてるよう、公的支援を上手に活用しましょう。

誕生

1カ月児健診（任意）

1歳6カ月児健診（28ページ）

障害があるとわかったら、次の法律で定められているサービスが利用できます。

・児童期に限定したサービスは**児童福祉法**（23ページ）

・児童も成人も対象となる障害福祉サービスは**障害者総合支援法**（23ページ）

・**ペアレント・トレーニング**（43ページ）も活用できます。

障害がある子どもの家族のなかには、障害を隠そうとして孤立してしまうことがあります。これでは逆に不安が募ります。相談できる組織をみつけたり、同じ経験をしている人とつながったりすることはとても大切です。

「今がんばればよくなるんじゃないか」と、障害のある子に対してほかの兄弟姉妹より厳しい態度で接したり、一生懸命にしつけをしたりすることがあるかもしれません。しかし、それが子どもにはプレッシャーとなって自己否定感を植え付けてしまうことがあります。あせらず一歩一歩進みましょう。

3歳

3歳児健診
（28ページ）

幼児教育

- **幼稚園**
- **保育所**
- **認定こども園**
- **特別支援学校幼稚部**

幼稚園、保育所、認定こども園などを利用する3歳から5歳児クラスの子どもたち、住民税非課税世帯の0歳から2歳児クラスの子どもたちの利用料は2019年10月から無償化されています。また、3歳から5歳までの障害のある子どもが次のサービスを利用する場合も無償化されており、両方を利用する場合は、両方とも無償化の対象となります。

無料となるサービス

・児童発達支援
・医療型児童発達支援
・居宅訪問型児童発達支援
・保育所等訪問支援
・福祉型障害児入所施設
・医療型障害児入所施設

障害児やその親は、次の手当のほかにも国や自治体からさまざまな手当が受給できます。

・**特別児童扶養手当**（精神か身体に障害がある20歳以下の子どもを扶養している父母が対象。療育手帳は不要。124ページ）
・**障害児福祉手当**（20歳未満で精神か身体に重度の障害があってつねに介護を必要とする障害児が対象。125ページ）

発達障害の子どもの適切な就学に向け、近年は5歳児健診を行う自治体も増えています。

5歳

就学相談
（54ページ）

就学相談は保育園や幼稚園からすすめられる場合もありますが、就学を控えて子どもの様子で気になるところがあれば、親が申し込みます。自治体によって異なりますが、小学校・中学校に入学する前の年度の４月から６月ころに申し込みが始まります。

就学相談の前には、親が抱えている疑問や不安、子どもが抱えている困りごとなどをまとめておくと、相談がスムーズに運びます。また、わが子の個性や行動の傾向も説明できるようにしておきましょう。

就学時健康診断

入学前年の10月中旬ころから、居住する学区の小学校で行われます。すでに特別支援学校や特別支援学級を希望している場合も受けることができます。

就学時健康診断で気になる点を指摘されたら、児童発達支援センターなどに相談を。また、子どもに適した就学先を教育委員会や学校と相談します。

6歳 小学校入学

通学できる小学校

- 通常の学級
- 通級指導教室
- 特別支援学級
- 特別支援学校小学部

小学校に入学すると、それまでの**児童発達支援**（34ページ）から**放課後等デイサービス**（60ページ）に変わります。放課後等デイサービスは原則18歳までの利用ですが、子どもの状況次第で20歳まで利用できます。

12歳 中学校入学

通学できる中学校

- 通常の学級
- 通級指導教室
- 特別支援学級
- 特別支援学校中学部

障害児にとって中学卒業は大きな転機の時期です。中学2年生ころには本人の意欲をみて、進学か就労かを検討します。将来的に子どもがどのように生きいてくかを見据えて考える必要があります。

15歳

中学校卒業

特別支援学校中学部や特別支援学級卒業後、90％以上の子どもは一般の高等学校、特別支援学校高等部などに進学しています（2018年3月卒業者）。次に多いのは、社会福祉施設などへの入所・通所です。

中学校卒業後の進路

- 高等学校などに進学
- 一般企業で就労
- 就労継続支援A型・B型で就労
- 生活介護

高等学校などに進学する場合の例

- 一般の高等学校（全日制・定時制）
- 通級指導導入の高等学校（※）
- 特別支援学校高等部
- 高等特別支援学校
- 高等専修学校　など

※通級指導導入校
2018年より、公立高校でも通級指導の導入が始まっている。障害のある生徒に対して、大部分の授業を在籍する通常の学級で受けながら、一部の授業について、障害の特性に応じた特別の指導を実施している。導入校はまだ少ない。

大学に進学する人もいますが、多くの人は一般企業で働いたり、就労移行支援（74ページ）を受けたりして自立を目指します。就業ばかりを目的にせず、子どもの特性に合わせ、どのように生きていくのかを考えながら決めましょう。

18歳 高等学校卒業

高等学校卒業後の進路

- 一般の企業で就労
- 就労継続支援A型・B型、地域活動支援センターで就労
- 就労移行支援事業所に通所
- 生活介護
- 大学などに進学

20歳 20歳前傷病による障害基礎年金受給

20歳前傷病による障害基礎年金は、20歳の時点で障害等級1級また2級に該当していることが受給の要件となっています。20歳前傷病による障害基礎年金は国民年金の納付要件は必要なく、保険料を納めていなくても受給できます。

20歳になると特別児童扶養手当などが打ち切られる一方、受給できるようになる手当もあります。

・**特別障害者手当**（精神か身体に重度の障害があって、つねに特別の介護が必要な状態にある在宅の20歳以上の障害者が対象）

30～40歳代

親の高齢化が進むころ

障害のある子の将来について、家族で話し合っておく必要があります。

障害によっても異なりますが、次の点はおよその目安を立てておきましょう。

・誰が中心になって生活の世話をするのか
・どこに住むのか
・財産の管理は誰がするのか

障害のある人が住む場所の例

- 自宅（ひとり暮らし・親族と同居）
- 賃貸住宅
- グループホーム
- 入所施設

50歳代

親は自分が亡くなった後を考える時期

一般的に、親子の年齢差は30歳ほどといわれています。親子の寿命が同じであれば、「親亡き後」は30年間あることになります。とくに知的障害がある場合は、親がしてきた支援を誰(どこ)に託すのかを考えると同時に、子どもに負担をかけないよう、親の医療・介護、亡くなった後の事務手続き、財産分与などについても考えておきましょう。

・日常の生活資金などが管理できない場合は、**日常生活自立支援**（192ページ）を利用。

・**成年後見制度**（182ページ）の活用を検討して、親亡き後の準備をしてもいいでしょう。

・一定の資産がある場合は、相続のしかたについて家族で話し合い、障害のある子どもが生活に困らないよう**財産を信託**（パート5）する方法も検討。

障害のある人がどこで住むかは大きな問題です。障害福祉サービス利用者を対象にした調査(※)では、約55%の障害者は親と暮らしているというデータがあります。また、この調査では72%は自宅で暮らしています。

※きょうされん「障害のある人の地域生活実態調査報告書」2016年

65歳

社会保障制度では、保険優先という考え方があります。65歳になると現在利用している障害福祉サービスと同様のサービスが**介護保険**にあれば、介護保険サービスを受けることになります。このため、従来のサービスが受けられなくなることもあります。

高齢になったときに入所できる施設

- 介護保険による施設サービス
  - 特別養護老人ホーム
  - 介護老人保健施設（入所期間は原則3カ月）
  - 介護療養型医療施設（2023年度末に廃止予定）
  - 介護医療院
- その他の住まい
  - サービス付き高齢者向け住宅
  - 有料老人ホーム
  - 軽費老人ホーム（A型・B型・ケアハウス）
  - 認知症高齢者グループホーム

これだけは知っておきたい 障害者支援の全体像

障害児・者を支える主な法律や制度はこの5つ

障害のある子どもが受けられるサービスの多くは法律で規定されています。どのような法律で守られているのか、どのような制度が利用できるのか、その概要を知っておくことは、今後の子どもの生活の質を高め、親も安心して暮らすためにはとても大切です。

日本には、障害児・者のための法律や制度がたくさんありますが、とくに関わりが深いのが次の法律や制度です。

障害年金

障害年金には次の2つがある。

●国民年金（障害基礎年金）

病気やケガで初めて医師の診察を受けたときに国民年金に加入していた場合に受け取ることができる。障害の程度に応じて、障害基礎年金（1級・2級）が支給される。20歳前から障害がある場合は、20歳から支給される。

●厚生年金（障害厚生年金）

病気やケガで初めて医師の診察を受けたときに厚生年金に加入していた場合に受け取ることができる。障害の程度に応じて、障害基礎年金に障害厚生年金が上乗せされる。厚生障害年金には1級～3級がある。

障害者手帳

障害者手帳とは、障害のある人が取得できる手帳の総称で、「身体障害者手帳」「療育手帳」「精神障害者保健福祉手帳」の3種類がある。それぞれの手帳は基になる法律などが異なる。

障害者手帳の取得は任意だが、手帳をもっている人にはさまざまなサービスが提供され、生活が便利になったり、社会参加がしやすくなったりするというメリットがある。

また、公的な手当や税金の控除などを受けることもできる。

児童福祉法

児童福祉法とは、児童福祉を保障するためにあらゆる児童がもつべき権利や支援が定められた法律。

内容としては、児童相談所などを規定した社会的養護施策、障害児通所施設や入所施設などを規定した障害児支援施策、児童扶養手当などを規定したひとり親家庭施策などが盛り込まれている。18歳未満の子どもにとっては、もっとも身近な法律。

障害者総合支援法

正式名称は「障害者の日常生活及び社会生活を総合的に支援するための法律」で、略して「障害者総合支援法」と呼ばれている。2013年に「障害者自立支援法」を改正する形で創設された。障害のある人もない人も、互いに人格と個性を尊重して安心して暮らせる地域社会の実現を目的とした法律。身体障害者（身体障害者手帳の交付を受けている人）、知的障害者、精神障害者（発達障害を含む)、障害児、難病患者が対象となる。

障害者総合支援法に基づくサービスは、大きく「自立支援給付」と「地域生活支援事業」の2種類がある。必要と認められたさまざまな障害福祉サービスや福祉用具の給付を受けることができる。

介護保険

介護を社会全体で支えるための仕組みで、実施主体は市区町村。40歳以上の人が被保険者(加入者)として納めている保険料と税金によって、介護が必要な人に介護費用の一部が給付される。

介護保険で受けられるサービスには、訪問介護や訪問入浴介護、デイサービスなどがあるが、障害福祉サービスに相当する介護保険サービスがある場合には、原則として介護保険のサービスを優先して受けることになる。

障害のある人のためのサービスは全国一律ではない

障害のある人が受けることができるサービスには、「障害者総合支援法」によって受けられる「自立支援給付」と、「地域生活支援事業」というサービスがあります。

自立支援給付は全国同じ基準のサービスですが、地域生活支援事業は自治体が独自に提供するサービスですから制度の内容や対象となる人などは自治体によって異なります。したがって、引っ越しをした場合には、今まで受けていたサービスが受けられなくなることもあります。

知的障害の定義はない

身体障害者と精神障害者については、法律によってどのような障害のある人かを定義していますが、知的障害者については定義がありません。

それは、知的な能力と日常生活における活動能力は必ずしも同じレベルとはいえず、個人よって必要な支援は異なるためです。

知的障害児・者が福祉サービスを受けるための制度として「療育手帳」がありますが、これは都道府県・政令指定都市が交付しており、児童相談所や知的障害者更生相談所で判定されます。自治体によって障害の程度の区分が異なるため、支援の対象となる人もサービスも自治体によって異なります。

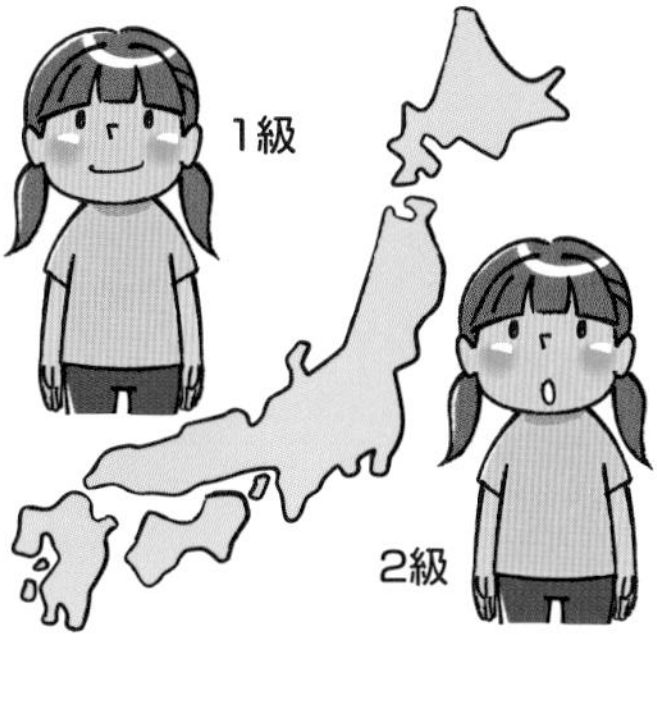
1級
2級

パート1 誕生から学校卒業まで

5

※ 福祉法 は「児童福祉法」で規定されたサービスを示しています。

障害のある子どもとその親をサポートしてくれる機関はいくつもある

周囲の協力を得て子育てを

日本には、障害があったり、発達に問題があったりする子どもに対して、自治体ごとにいくつもの相談・支援機関が設けられています。子どもの様子で気になることや困ったことがあれば、早めにこれらの機関に相談し、アドバイスをもらいましょう。

子どもの障害を隠すことは地域のなかでの親子の孤立につながり、障害のある子を育てるうえではマイナスにはたらくことがあります。周囲の協力を得ながら子育てをしていくことで、親の気持ちにゆとりが生まれます。

そのためには、親は冷静に子どもの障害を受けとめ、受容することが大切です。子どもの状態を受け入れられないことが、子どものQOL（生活の質）を低下させてしまうことがあります。

知っておきたいこんな制度

自宅で保育が受けられる居宅訪問型保育

3歳未満の子どもを対象に、障害や病気などで個別のケアが必要な場合や保育所の閉鎖により保育を利用できなくなった場合などに、自宅で1対1を基本とする保育を実施する「居宅訪問型保育」があります。

保育時間は1日8時間が原則です。市区町村によって制度の運用は異なりますから、申し込み前によく調べておきましょう。

保育料は認可保育園と同じ水準で、世帯の所得により異なります。

利用には、市区町村から認定を受ける必要があります。市区町村の保育を担当する部署に相談しましょう。

主な相談窓口

児童相談所

児童福祉の機関として各都道府県、政令指定都市に設置が義務付けられている。児童福祉司や児童心理司、医師、保健師などの専門スタッフが、さまざまな障害の相談に応じ、必要な指導・援助をしてくれる。原則18歳未満の知的障害、肢体（したい）不自由、重症心身障害、視覚障害、聴覚障害、言語障害、自閉症などの障害のある子どもに関する相談に応じる。

児童相談センター

児童相談所の役割を果たしつつ、中央児童相談所としての位置付けで、総合的な診断・治療・指導や研修、研究なども行う。緊急の場合や行動観察のために児童を一時保護し、児童養護施設・乳児院・児童自立支援施設・障害児施設への入所等の措置も行う。

保健所

都道府県や政令指定都市などが設置主体となっている。医師や保健師、管理栄養士、薬剤師、精神保健福祉相談員などが配置され、地域の住民の健康を支える機関のひとつ。障害児の療育に関する指導、病気によって長期の療育が必要な子どもへの指導・相談に応じる。

市町村保健センター

市町村が設置・運営。保健師、看護師、栄養士などが配置されている。障害児や地域住民の健康相談や保健指導を行う。児童福祉に関する業務としては、乳幼児に対する保健指導・訪問指導、1歳6カ月児健診、3歳児健診などを行っている。

福祉事務所

都道府県と市には設置が義務付けられている機関。町村は任意で設置している。障害者や高齢者など福祉全般に関する幅広い相談機関。身体障害者福祉司、知的障害者福祉司などの職員が配置されている。福祉サービスの利用方法や手続きなどの相談に応じる。

児童家庭支援センター

すべての子どもが心身ともに健やかに成長する権利を守るため、さまざまな相談に対応し、助言や指導を行う。児童相談所、児童福祉施設など、関係する機関の連絡調整も行う。児童相談所を補完するものとして、児童福祉施設などに設置されている。

※自治体によって名称が異なる場合がある。

乳幼児健診は疾病や障害の早期発見・治療に重要な役割を果たす

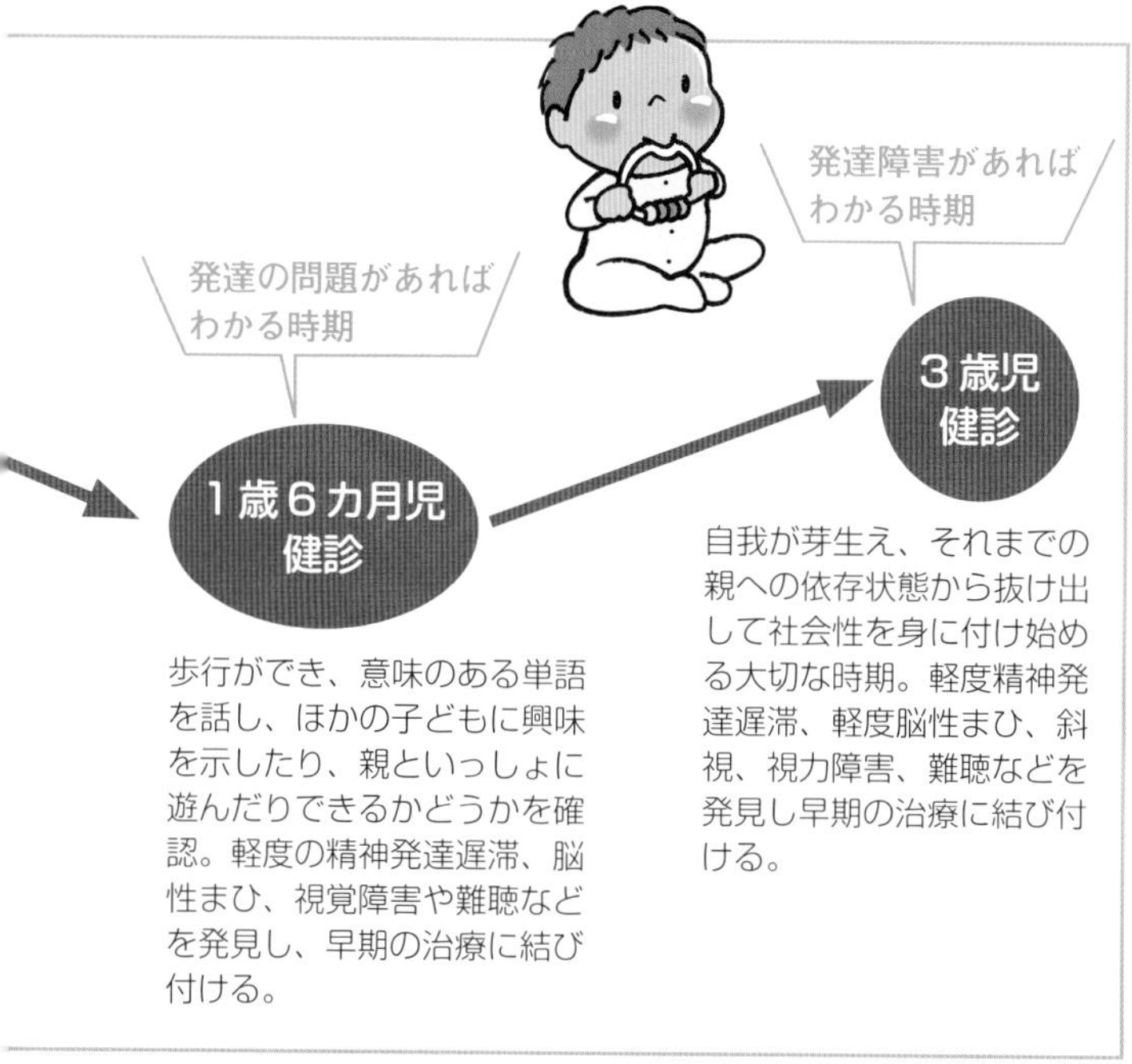
発達の問題があれば
わかる時期
1歳6カ月児
健診
歩行ができ、意味のある単語を話し、ほかの子どもに興味を示したり、親といっしょに遊んだりできるかどうかを確認。軽度の精神発達遅滞、脳性まひ、視覚障害や難聴などを発見し、早期の治療に結び付ける。
発達障害があれば
わかる時期
3歳児
健診
自我が芽生え、それまでの親への依存状態から抜け出して社会性を身に付け始める大切な時期。軽度精神発達遅滞、軽度脳性まひ、斜視、視力障害、難聴などを発見し早期の治療に結び付ける。

「1歳6カ月児健診」と「3歳児健診」

赤ちゃんが生まれると、病院や住んでいる地域の自治体などで乳幼児健診が行われます。

一般的に最初に受けるのは、出産した病院で行われる「1カ月児健診」です。病院によっては2週間後など時期が異なる場合もあります。任意の健診ですが、お母さんと赤ちゃんの健康状態を確認するものですから、ぜひ受けておきたいものです。

国の母子保健法で定められた法定健診「乳幼児健康診査」には、「1歳6カ月児健診」（1歳6カ月から満2歳までが対象）と「3歳児健診」（満3歳から満4歳までが対象）があります。実施するのは市区町村で、健診はいずれも地域の保健センターや委託した医療機

乳幼児健診でわかること

出産

2500g未満の赤ちゃんを出産した場合は市区町村の窓口や保険センターに「低体重児出生届出書」を提出。

先天性疾患の早期発見につながる時期

1カ月児健診

主に出産した病院で実施。

●健診内容
・発育・栄養状態
・身体測定（身長・体重・頭囲・胸囲）
・運動機能（原始反射）
・視覚・斜視
・黄疸　など

発達の個人差が大きい時期

9～10カ月児検診

関などで行われます。

そのほか、「3～4カ月児検診」はほとんどの市区町村で実施されており、「6～7カ月児健診」「9～10カ月児健診」などを実施している自治体もあります。

早期発見で改善する場合も

乳幼児健診は、乳幼児の発育状況の確認や親の育児相談の場であると同時に、疾病や障害の早期発見や治療に重要な役割を果たしています。とくに発達障害の場合は、1歳6カ月くらいでコミュニケーション、遊び、対人関係などの発達を確認できる時期といわれています。3歳くらいになると精神発達遅滞や広汎性（こうはんせい）発達障害などがないかどうかにも注意して健診が行われます。3歳前に気になったことがあったしても、その段階で障害と断定するのは難しいでしょう。

健診によって身体の病気がみつかり、そこから発達障害や知的障害がみつかることもあります。

なんらかの障害が疑われる場合は、必要に応じて専門家のアドバイスなどの支援を受けることができます。

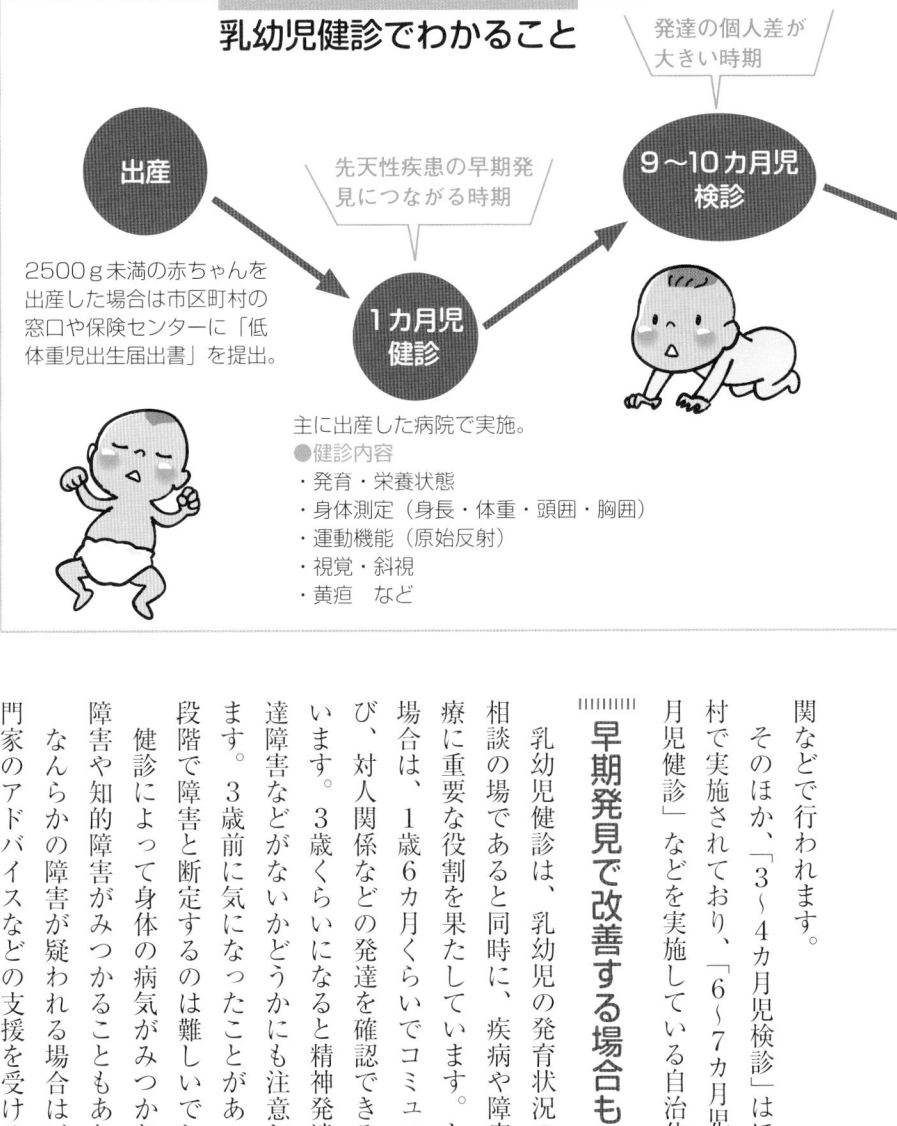

さまざまな福祉サービスを利用して障害の状態に合わせて知識や技能をつける

障害児支援の基盤となる児童福祉法

障害のある子どもを支援する法律には、「障害者総合支援法（障害者の日常生活及び社会生活を総合的に支援するための法律）」と「児童福祉法」があります。障害者総合支援法は障害者を対象としているため、年齢にかかわらず対象になりますが、児童福祉法は児童を「満18歳に満たない者」と規定しているため、18歳未満を対象にしています。

児童福祉法は、すべての児童が「その生活を保障されること、愛され、保護されること」を理念としており、障害児だけを対象にしているわけではありませんが、障害児の福祉の基盤になる法律です。

ここからは、児童福祉法で定められた制度を中心にみていきます。

サービスには通所系と入所系がある

児童福祉法で定められている障害のある子と家族が利用できる福祉サービスには、市区町村が行う「障害児通所支援」と、都道府県が行う「障害児入所支援」があります。

通所支援には、左の表のように児童発達支援、医療型児童発達支援、放課後等デイサービス、保育所等訪問支援、居宅訪問型児童発達支援があり、入所支援には福祉型と医療型があります。

このほかに、障害児相談支援も行われています。相談支援では、前述の支援を受けるための手続きや利用方法などを相談できます。

児童福祉法に基づく福祉サービス

		支援の内容	対象者
通所系	児童発達支援	主に未就学の障害のある児童への、日常生活における基本的な動作の指導、生活能力の向上のために必要な訓練、知識技能の付与、集団生活への適応訓練、社会との交流の促進などを支援	集団療育および個別療育を行う必要があると認められる未就学の障害児
通所系	医療型児童発達支援	肢体（したい）不自由がある未就学児への、日常生活の基本的動作の指導などと併せて治療を行う支援	上肢、下肢または体幹機能に障害があり、理学療法などの機能訓練や医療的管理下での支援などが必要と認められた児童
通所系	放課後等デイサービス	学校に通っている障害児への、放課後や夏休みなどにおける、生活能力向上に必要な訓練、社会との交流の促進など	学校（幼稚園、大学を除く）に就学しており、放課後または夏休みなどの休業日に支援が必要と認められた障害のある児童
通所系	保育所等訪問支援	保育所、幼稚園、小学校などに在籍している障害のある児童に、障害児以外の児童との集団生活に適応できるように訪問支援員が行う支援	訪問支援員が保育所などの施設を訪問して専門的支援が必要と認められる児童
通所系	居宅訪問型児童発達支援	重度の障害などにより外出が著しく困難な児童の居宅を訪問し、日常生活における基本的な動作を指導したり、集団生活へ適応したりするための訓練などが行われる	重度の障害のある児童で、児童発達支援などの障害児通所支援を受けるために外出することが著しく困難な障害児
入所系	福祉型障害児入所施設	施設に入所している児童への、保護、日常生活の指導、知識技能をつける支援	施設に入所して保護し、日常生活の指導、自活に必要な知識技能の指導を行う必要があると認められる障害児
入所系	医療型障害児入所施設	福祉型障害児入所施設の支援に加えて、治療が受けられる支援	施設などに入所して、保護、日常生活の指導、自活に必要な知識技能の指導を行い、治療が必要と認められた自閉症児、肢体不自由児、重症心身障害児
相談	障害児相談支援	障害児通所支援の申請時と給付決定後に利用計画を作成する支援	障害児通所支援を利用する障害児

福祉サービスを受けるために必要な「受給者証」について知っておこう

サービス利用には受給者証が必要

児童福祉法のサービスを利用するためには、通所系サービスを利用する場合は「通所受給者証」、入所系サービスを利用する場合は「入所受給者証」の交付を受ける必要があります。それぞれが別のサービスとの位置づけですから、ひとつの受給者証で両方を受けることはできません。

利用に関する相談は、通所系サービスについては市区町村の福祉保健センターなど、入所系サービスについては各都道府県の児童相談所、児童相談センター（名称は自治体により異なる）としているところが多いようです。

申請手続きについても、市区町村の福祉保健センターや児童相談所で行います。

なお、申請に必要となるのは、所得を証明する納税証明書、療育手帳、身体障害者手帳、親（保護者）と子どものマイナンバーなどです。

1割負担でサービスが受けられる

所定の申請書などを提出すると、面接調査が行われ、サービスの種類や内容が検討されます。

支援が決定すると、受給者証が交付され、これにより、サービスを1割負担で利用できるようになります。負担額は上限額が決められているため、上限額以上を負担する必要はありません（129ページ）。ただし、3歳から5歳までの障害のある子については児童発達支援などのサービスを無償で利用できます。

通所支援の受給者証申し込みの流れ

自治体によって異なる点に注意が必要。

利用相談

●居住地の福祉保健センターや障害児相談支援事業所に相談。

相談先に伝えること
- 障害の状況
- 生活の場所、居住環境
- 介護者の状況
- サービスの利用意向　など

↓

障害児通所支援事業所の見学

●空き状況の確認。空きが確認できたら見学をする。

福祉保健センター

↓

申請書の提出

●居住地の福祉保健センターなどに申請書を提出。

申請書

↓

「障害児支援利用計画案」の作成依頼

●指定障害児相談支援事業所に計画案の作成を依頼する。

↓

面接調査・審査

●利用要件を満たしているか、月に何回利用を希望しているかなどを区役所の担当者が障害児や保護者から聞き取り、審査を行う。

↓

障害児支援利用計画案の提出

↓

支給決定・受給者証の交付

●支給が適切と認められた場合は、受給者証が自宅に送付される。

↓

「障害児支援利用計画」の作成・提出

↓

サービス提供事業者との契約・サービス利用

●受給者証を事業所に提示して契約。

福祉法

障害のある子の日常生活や社会生活をスムーズにするための「児童発達支援」

障害者手帳がなくても利用できる

「児童発達支援」は、小学校就学前の障害児を対象に、通所支援を行うサービスです。

障害といっても、心身の成長や発達に心配がある子どもであって、乳幼児健診などで支援が必要と認められた場合のほか、障害者手帳や療育手帳などがなくても児童相談所や医師などが必要と認めれば利用することができます。

支援には、「福祉型」と「医療型」があります。

福祉型には身近な場所にあって通いやすい「児童発達支援事業所」と、地域の障害児やその家族の相談支援を行ったり、障害児を預かる施設への援助や助言などの地域支援を行ったりする専門施設としての「児童

福祉型の児童発達支援で提供されるサービス

児童発達支援センター

児童発達支援事業所

発達支援と家族支援

- 通所利用障害児への療育
- その家族に対する支援

地域支援

- 保育所等訪問支援などの実施
- 相談支援（障害児支援利用計画の作成）

児童発達支援事業所での１日の流れの例

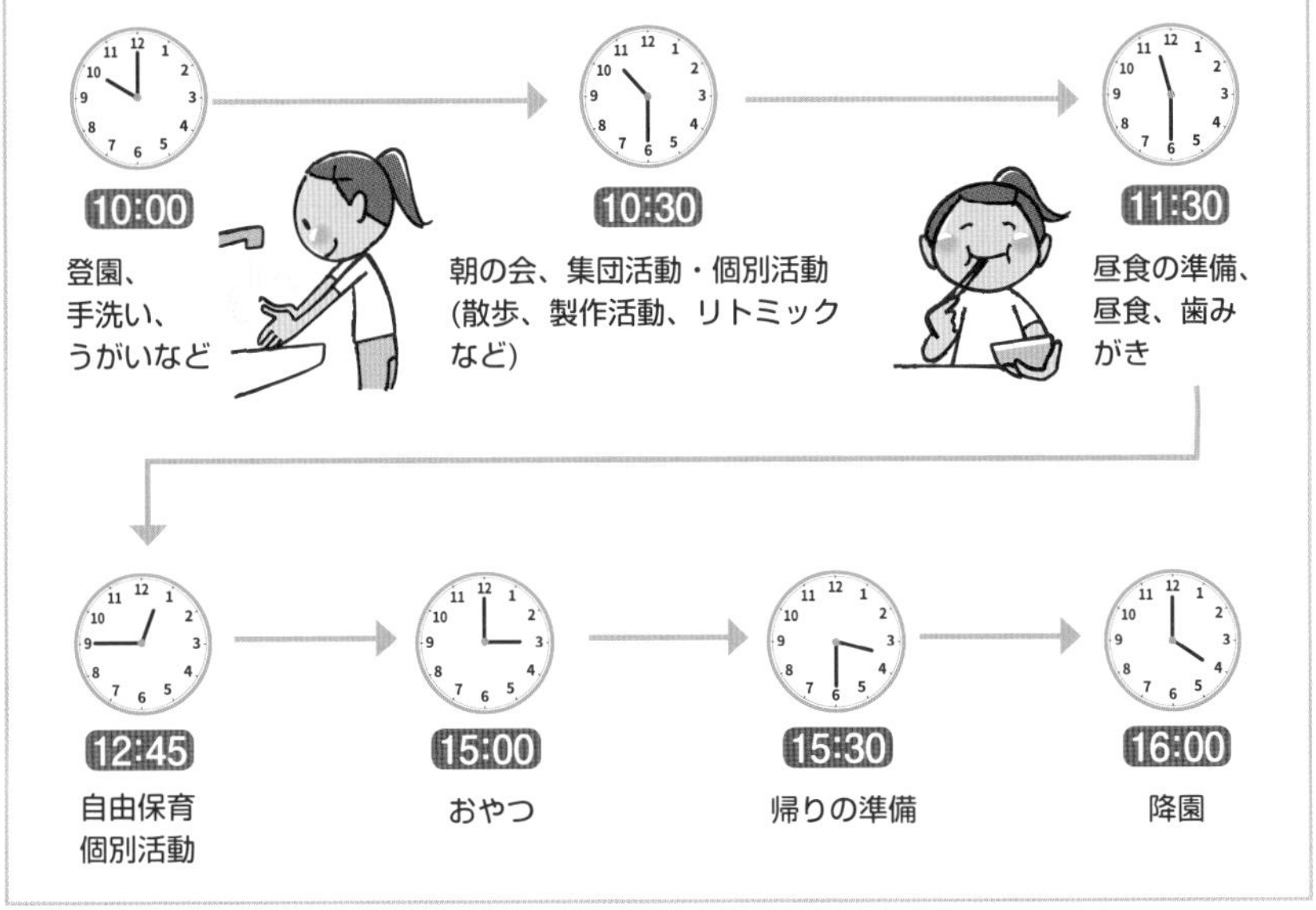
10:00
登園、
手洗い、
うがいなど
10:30
朝の会、集団活動・個別活動
(散歩、製作活動、リトミック
など)
11:30
昼食の準備、
昼食、歯み
がき
12:45
自由保育
個別活動
15:00
おやつ
15:30
帰りの準備
16:00
降園

発達支援センター」の２つがあります。

医療型の場合は、医療が必要な障害児に対し、「医療型児童発達支援センター」で児童発達支援とともに医療的ケアが提供されます。

サービスの内容は事業所によってさまざま

児童発達支援事業所では、それぞれの子どもの支援計画に沿って、自由遊びをしながら友だちとのコミュニケーションが図れるようにしたり、着替えやトイレ、食事などの基本的な生活習慣の支援を行ったりします。言語聴覚訓練などの専門的な訓練を行うところもあります。また、子育てに関する保護者からの相談や休憩（レスパイトケア）時間の提供などの家族支援も行います。

サービスの内容は、施設によって異なります。毎日通うところもあれば、保育園や幼稚園に通いながら週に何回か通うところもあります。それぞれの障害に合った事業所をみつけることが重要ですから、ぜひ事前に見学に行きましょう。

外出が困難な重度の障害児のための「居宅訪問型児童発達支援」

福祉法

体調や状態に配慮しながら発達を支援

重度の障害があると、外に出ることができないため、発達支援を受ける機会がなくなってしまいます。この課題を解決するために、自宅で発達支援が受けられるようにする「居宅訪問型児童発達支援」が２０１８年に新設されました。

居宅訪問型児童発達支援は、小学校就学前の外出が困難な重度の障害のある子どもの自宅を、訪問支援員（看護師・保健士・理学療養士・言語聴覚士など）が訪問し、児童発達支援（34ページ）や放課後等デイサービス（60ページ）と同様の発達支援を行います。

サービスは、週2日を目安に体調や状態に配慮しながら、日常生活における基本的な動作や、生活能力向上のために必要な訓練などが行われます。

対象年齢は就学前に限らず満18歳に達するまで利用可能です。

通所支援への移行を目指した支援

居宅訪問型児童発達支援を通所施設へ通うようになるための移行期間として活用することも認められています。

このため、児童の状態に応じて柔軟に対応できるようになっています。たとえば、毎日の通所は体力的にむずかしい子どもであれば、居宅訪問型児童発達支援と通所施設を併用しながら段階的に通所回数を増やして通所施設に移行するケースなどがこれに当てはまります。

対象となる子ども

●重度の障害の状態

- 人工呼吸器を装着している状態、その他日常生活を営むために医療を要する状態にある。
- 重い疾患のため感染症にかかる恐れがある状態にある。

●障害児通所支援を受けるために外出することが著しく困難な障害児

知っておきたいこんな制度

学校に行けない子どものための訪問教育

障害が重くて学校に行けない子どももいます。そこで、文部科学省では「障害が重複していて養護学校等に通学困難な児童生徒に対し、教員が家庭、児童福祉施設、医療機関等を訪問して行う教育」を行っています。これが訪問教育です。

訪問教育が始まったのは昭和40年代で、いくつかの自治体の教育委員会が独自に始めたものです。これが今では全国的に行われ、病気などの理由で学校に通学できない児童も対象になっています。自治体によって指導時間や回数を決めているケースが多く、たとえば週に3回程度、1回2時間程度の教育を行うなどと決めています。

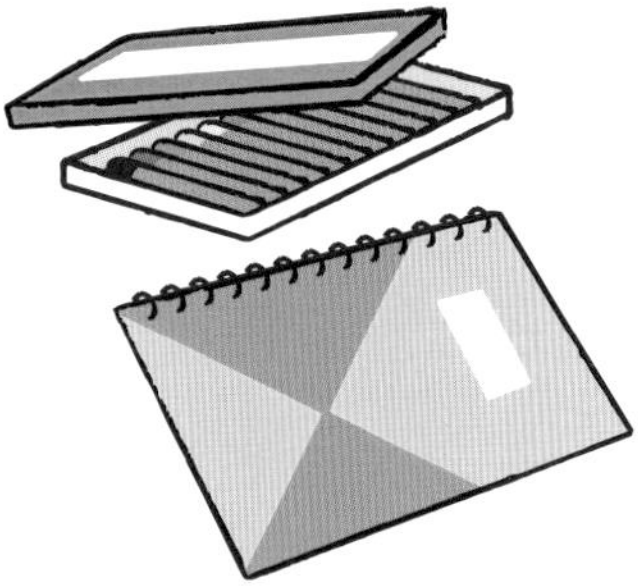

福祉法

指導員が保育所などを訪問して集団生活に適応できるよう支援する「保育所等訪問支援」

障害児と施設スタッフの両方を支援

保育所等訪問支援は、保育所や幼稚園、小学校などに在籍している障害児や、今後利用する予定の障害児が集団生活に適応できるようにするために、児童指導員や保育士などが施設を訪問して、障害のある児童本人への支援と保育園などの施設のスタッフに支援方法などを指導するサービスです。

児童指導員らは、本人に対してはその子の特性に合った支援や周りの子どもまで含めた環境の整備、施設のスタッフに対しては知識の向上や子どもとの適切な関わり方などを指導します。

支援は2週間に1回程度を目安に、子どもの状況や時期によって変わります。

保育所等訪問支援の仕組み

●訪問先

・保育所、幼稚園、認定こども園
・小学校、特別支援学校
・その他児童が集団生活を営む施設として、地方自治体が認めたもの

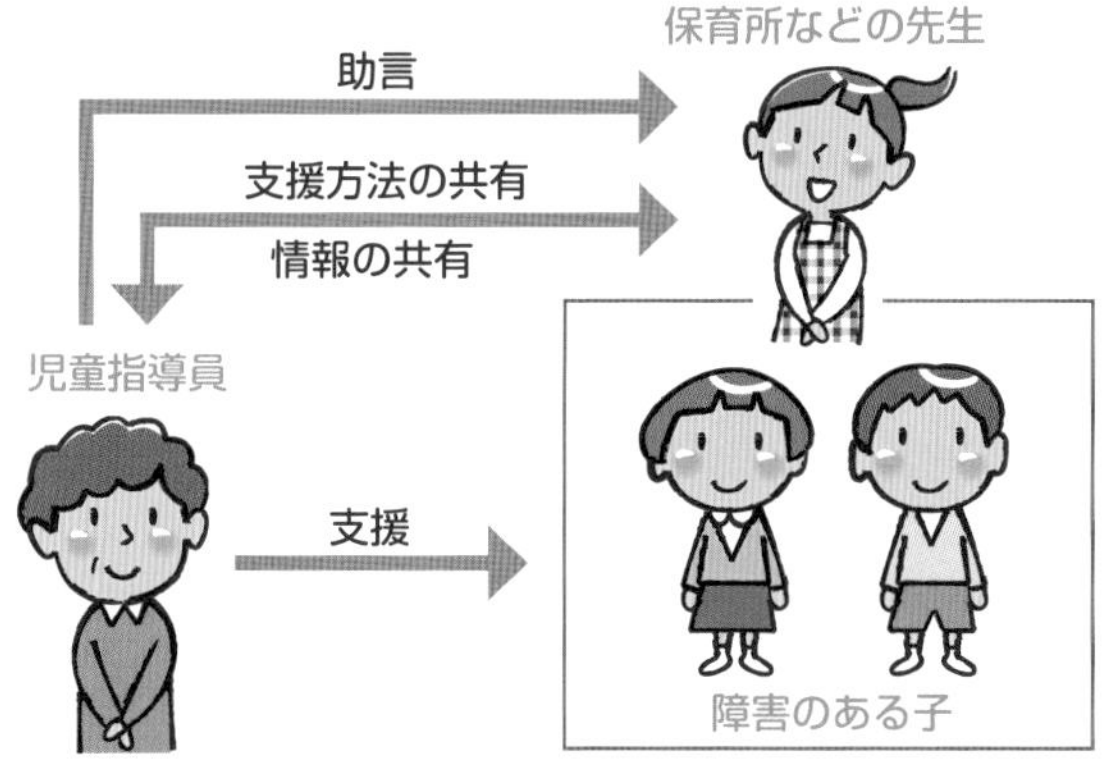
保育所などの先生
助言
支援方法の共有
情報の共有
児童指導員
支援
障害のある子

福祉法

施設に入所している障害児が受けられる「障害児入所支援」は福祉型と医療型の2タイプ

障害児入所支援の利用は原則18歳未満

障害児入所支援は、施設に入所している障害児に対して、児童指導員や保育士が、介護や日常生活の指導、自立のための支援などを行うサービスです。

施設には、福祉型障害児入所施設と、医療型障害児入所施設があります。医療型は、福祉型のサービスに加えて、疾病の治療や看護など医療行為が行われます。

いずれも利用できるのは18歳になるまでです。ただし、18歳になったらすぐに退所しなければならないわけではなく、その児童の状態や家庭環境などが勘案され、入所支援サービスを受けなければ生活できないような場合は、満20歳まで利用可能となっています。

障害児入所支援の仕組み

●対象となる児童

- ●身体障害、知的障害、精神障害（発達障害を含む）のある18歳未満の児童
- ●医療型については知的障害児（自閉症児）、肢体(したい)不自由児、重症心身障害児。
- ●障害者手帳の有無は問わず、児童相談所や医師の判断で必要性が認められた児童も対象。

●提供されるサービス

福祉型

共通するサービス

- ・食事・排泄・入浴などの介護
- ・日常生活の相談支援
- ・独立や自活に必要な知識や技能の付与
- ・レクリエーションなどの社会参加活動支援
- ・聞く・話すなどのコミュニケーション支援

医療型 疾病の治療と看護

サービスを受けるには「障害児支援利用計画」を作成する

福祉法

障害児相談支援の種類

障害児支援利用援助

障害児通所支援の利用申請手続きにおいて、障害児の心身の状況や環境、障害児または保護者の意向などを踏まえて「障害児支援利用計画案」の作成を行う。利用が決定したら、サービス事業者等との連絡調整、決定内容に基づく「障害児支援利用計画」の作成を行う。

継続障害児支援利用援助

利用している障害児通所支援について、その内容が適切かどうか一定期間ごとにサービスなどの利用状況の検証を行い、その結果や心身の状況などを勘案して、「障害児支援利用計画」の見直しを行う（モニタリング）。

障害児支援利用計画は通所支援に必須

障害児通所支援を利用する際には、障害児相談支援を利用して「障害児支援利用計画」を作成する必要があります。

障害児相談支援には、障害児支援利用援助と継続障害児支援利用援助の2つのサービスがあります。

利用計画を作成するのは、市区町村が指定する「指定障害児相談支援事業者」の相談支援専門員です。相談支援専門員は、障害児の心身の状況や環境、親の意向などを聞いて「障害児支援利用計画案」を作成し、給付が決定した後にはサービス事業者などと連絡調整を行うとともに障害児支援利用計画を作成します。

継続障害児支援利用援助は、一定期間ごとに利用が適正であるかを確認し、見直しを行い、それに合わせてサービス事業者との連絡調整や、障害福祉サービスの変更や更新などの申請について調整します。

事業者に代って、本人や家族が計画（セルフケアプラン）を作成することもできます。

なお、障害児入所支援の利用を考えている場合は、児童相談所に相談します。

障害児支援利用計画作成の基本的な流れ

アセスメント
指定障害児相談支援事業者(以下、相談支援事業者)の相談支援専門員が利用者の自宅を訪問し、生活全般ついて状態を把握する。

↓

「障害児支援利用計画案」の作成
相談支援専門員がアセスメントに基づいて計画案を作成。

↓

サービス担当者会議
支給が決定したら相談支援事業者は障害児支援利用計画案を確認し、サービス提供事業者などとの連絡調整を行う。

↓

「障害児支援利用計画」の作成
相談支援事業者が障害児支援利用計画案の内容を本人や家族に説明し、同意を得る。同意後に障害児支援利用計画が作成される。

↓

モニタリング
サービスが適切に行われているかを相談支援事業者が確認(モニタリング)するため、利用者や家族と面接を行う。

（変更・見直し → アセスメント）

専門家からのアドバイス

障害者総合支援法にもある利用計画

児童福祉法による障害児通所支援を利用する場合には「障害児支援利用計画」を作成しますが、これは「障害者総合支援法」で障害福祉サービス(94ページ）を利用する際の「サービス等利用計画」(100ページ）に相当します。同様に、「継続障害児支援利用援助」は「継続サービス利用支援」に相当します。18歳になると児童福祉法から障害者総合支援法へと適用が変わり、サービスが切り替わると同時に名称も変わります。

発達障害児を育てる親の悩みに寄り添う ペアレント・メンター

発達障害児を育てた親が相談役に

発達障害にはさまざまな症状があり、治療法も確立されていないため、どこに相談したらいいか、どのように対処したらいいか、親としては悩みの多い障害です。

そこで、発達障害の子を育てている親や家族を支援するために、各都道府県や政令指定都市では、発達障害者支援センターを中心に、ペアレント・メンターの養成派遣事業を行っています。

「メンター」とは「信頼できる相談相手」という意味で、発達障害の子どもを育てた親がペアレント・メンター（相談役）となり、同じような子どもをもつ親の悩みを聞いて、専門家とは違う視点で寄りそい、問題を解決していくことを目的に活動を行っています。

ペアレント・メンターとは？

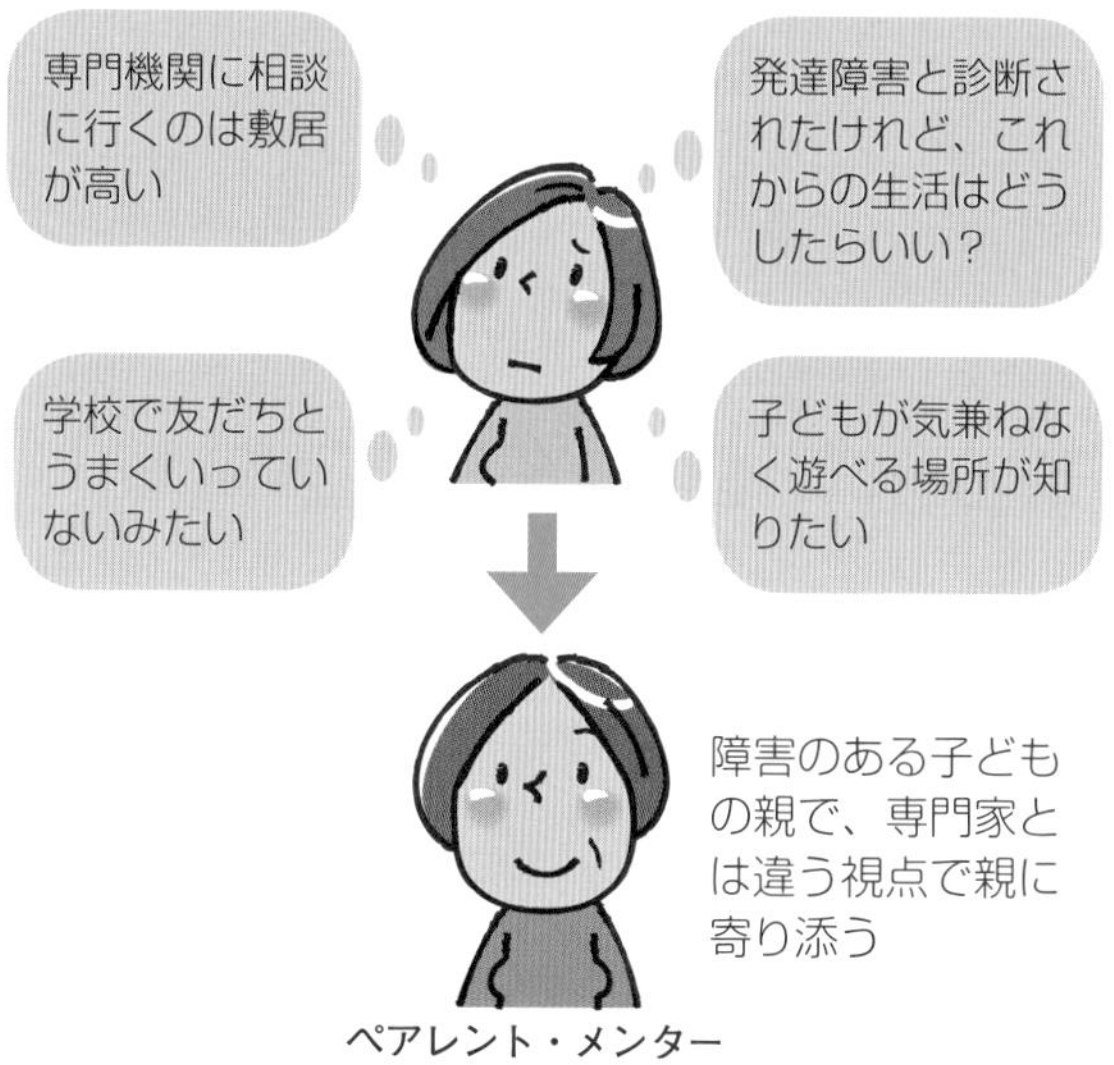
専門機関に相談に行くのは敷居が高い
発達障害と診断されたけれど、これからの生活はどうしたらいい？
学校で友だちとうまくいっていないみたい
子どもが気兼ねなく遊べる場所が知りたい
障害のある子どもの親で、専門家とは違う視点で親に寄り添う
ペアレント・メンター

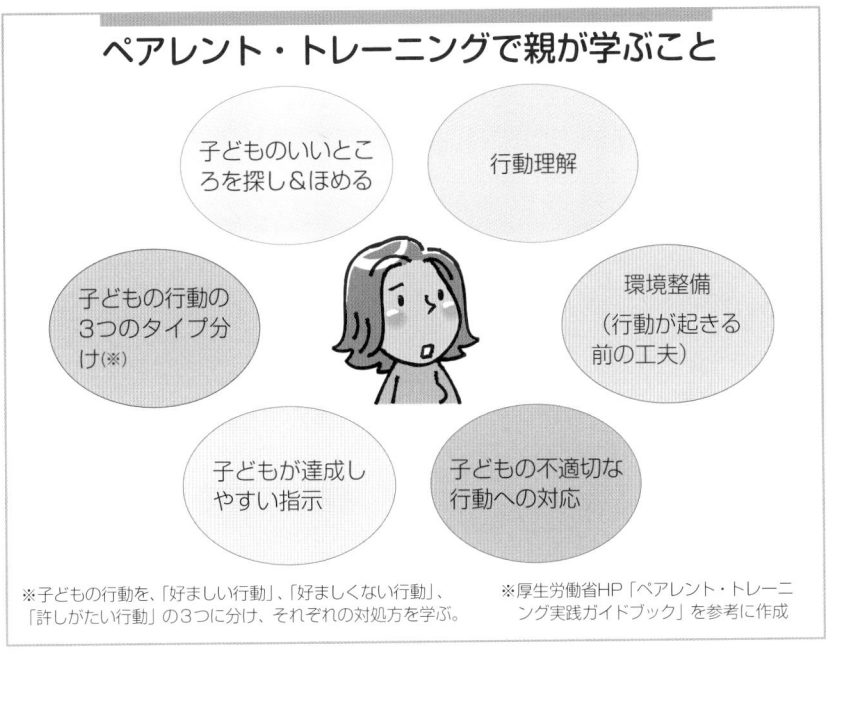

ペアレント・トレーニングで親が学ぶこと

子どものいいところを探し&ほめる
行動理解
子どもの行動の3つのタイプ分け(※)
環境整備(行動が起きる前の工夫)
子どもが達成しやすい指示
子どもの不適切な行動への対応

※子どもの行動を、「好ましい行動」、「好ましくない行動」、「許しがたい行動」の3つに分け、それぞれの対処方を学ぶ。

※厚生労働省HP「ペアレント・トレーニング実践ガイドブック」を参考に作成

ペアレント・メンターの支援を利用することで、同じ障害をもった子どもを育てている親として共感し、子育て体験から出てきた生の情報や地域の情報などを得ることができます。

自治体によってさまざまな形態で行われており、東京都の場合は親グループや子育てサークルなどが開催する相談会に派遣する形式で行っています。

子どもとの接し方を学ぶペアトレ

また、子どもの発達を促したり、問題行動を減らしたりするための保護者向けの「ペアレント・トレーニング（ペアトレ）」も厚生労働省の発達障害支援施策のひとつとなっており、全国で開催されています。ペアトレによって保護者が子どもとの接し方を学び、家庭でも取り入れて、望ましい行動を増やしていきます。

発達障害やその傾向がある子どもをもつ親だけでなく、子育てに悩む親にも有効といわれています。ペアトレは各自治体の発達障害者支援センターやNPO法人などで実施しています。

発達障害者支援センターは子育てから就労相談まで幅広く支援

発達障害者支援センターの仕事

相談支援
発達障害児・者とその家族、関係機関などからの日常生活でのさまざまな相談に応じる。また、福祉制度や利用方法、医療や教育機関などの関係機関への紹介を行う。

発達支援
児童相談所や医療機関などと連携しながら、発達検査の実施や発達障害児・者の特性に合わせた教育や支援を行う。

就労支援
発達障害児が就労を希望する場合に、公共職業安定所などの労働関係機関と連携して就労のための支援を行う。

普及啓発・研修
地域住民向けのパンフレットやチラシの作成、講演会の開催を行ったり、関係機関の職員などを対象に研修を行ったりする。

発達障害支援に特化した機関

近年、発達障害という言葉は広く知られるようになりましたが、言葉づかいや態度がほかの人と違ったりすることから、親のしつけや教育などが原因だと誤解されがちです。それだけに、親子が孤立してしまうことも珍しくありません。

発達障害者支援センターは、本人はもちろん家族も利用できますから、発達障害かどうかわからないが、子どもの行動に不安を感じるなどという場合に、利用することができます。

発達障害者支援センターの役割は大きく4つあります。まず、日常生活でのコミュニケーションや行動面で気になることや保育園や学校、職場で困っているこ

相談予約の流れ
（東京都発達障害者支援センターの場合）

1 相談申し込み

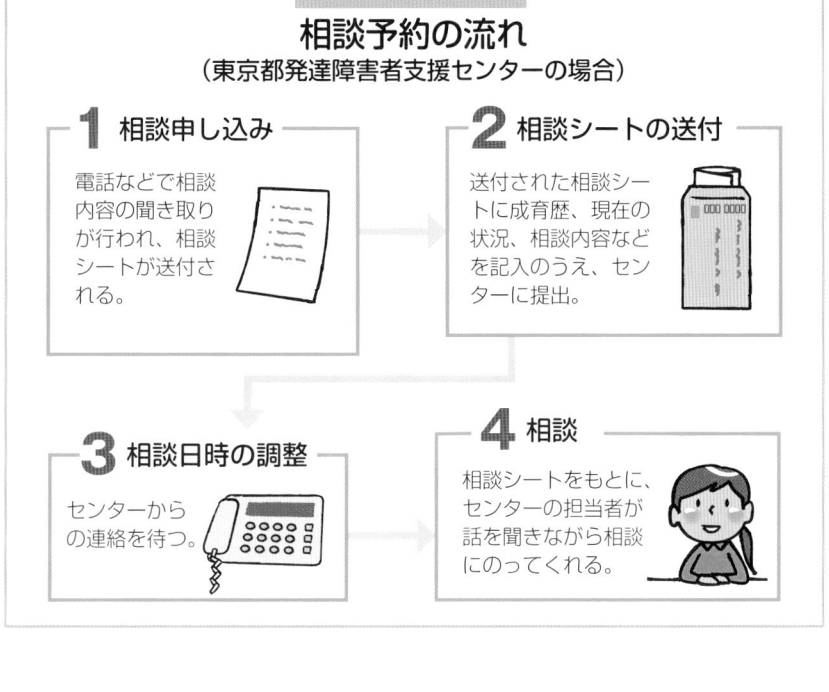

電話などで相談内容の聞き取りが行われ、相談シートが送付される。

2 相談シートの送付

送付された相談シートに成育歴、現在の状況、相談内容などを記入のうえ、センターに提出。

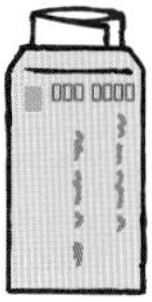

3 相談日時の調整

センターからの連絡を待つ。

4 相談

相談シートをもとに、センターの担当者が話を聞きながら相談にのってくれる。

となどに対する相談支援、２つ目は障害児・者とその家族に対し、家庭での療育方法をアドバイスしたり支援計画をつくったりする発達支援、３つ目は就労に関する情報提供などを行う就労支援、４つ目は発達障害を理解してもらうための普及啓発・研修です。

ペアレント・メンター養成研修のほかに、発達障害児・者とその家族が地域社会で生活していくために、さまざまな支援を行っています。

個別相談で子どもに合った支援を探す

２０２０年において、発達障害者支援センターは全国に97カ所あります。運営は、都道府県や政令指定都市のほか、都道府県などが指定した社会福祉法人、特定非営利活動法人などが行っています。

センターによって、個別の相談を中心に受けていたり、支援機関に対する支援を中心にしていたりするなど、事業内容はそれぞれ異なります。相談する際には、ホームページで確認したり、地域のセンターに問い合わせたりするといいでしょう。

発達障害とはどんな障害？

発達障害かも？

コミュニケーション

●話は上手で難しいことを知っているが、一方的に話すことが多い
●おしゃべりだが、保育士や指導員の指示が伝わりにくい

注意・集中

●一つのことに没頭すると話しかけても聞いていない
●落ち着きがない、集中力がない、いつもぼんやりとしている

情緒・感情

●極端な怖がり
●ささいなことでも注意されるとかっとなりやすい、思い通りにならないとパニックになる

感覚

●ざわざわした音に敏感で耳をふさぐ、雷や大きな音が苦手
●極端な偏食

※政府広報オンライン「発達障害って、なんだろう？」より一部抜粋

どの学校にも在籍する発達障害の子ども

発達障害は「発達障害者支援法」では、「自閉症、アスペルガー症候群その他の広汎性（こうはんせい）発達障害、学習障害、注意欠陥多動性障害その他これに類する脳機能の障害であってその症状が通常低年齢において発現するもの」と定義されています。

日本臨床心理士会の「乳幼児健診における発達障害に関する市町村調査」（２０１２年の調査）によると、１歳６カ月児健診と３歳児健診において「要観察・要精密」と判定された子どもは、いずれの年齢でもおよそ４人に１人。そのうち発達・行動に問題があった割合は、約４割とされています。健診を受けた子ども全体で見ると、いずれの年齢でも約１割に発達・行動面で気がかりな点があるという結果です。

また、発達障害の可能性のある児童生徒は、どの学校にも学級にも在籍していると考えられ、国では文部科学省や厚生労働省などが連携して、対象となる児童の指導や支援を行っています。

それぞれの障害の特性

広汎性発達障害

自閉症

知的な遅れを伴うこともあります

●言語の発達の遅れ
●コミュニケーションの障害
●対人関係・社会性の障害
●パターン化した行動、こだわり

アスペルガー症候群

●基本的に、言葉の発達の遅れはない
●コミュニケーションの障害
●対人関係・社会性の障害
●パターン化した行動、興味・関心のかたより
●不器用（言語発達に比べて）

注意欠陥多動性障害
AD/HD

・不注意（集中できない）
・多動・多弁（じっとしていられない）
・衝動的に行動する（考えるよりも先に動く）

学習障害
LD

・「読む」「書く」「計算する」等の能力が、全体的な知的発達に比べて極端に苦手

※このほか、トゥレット症候群や吃音（きつおん）（症）なども発達障害に含まれます。

出典：「発達障害を理解する」国立障害者リハビリテーションセンター　発達障害情報・支援センター

主な発達障害の特性

自閉症、アスペルガー症候群を含む広汎性発達障害（自閉症スペクトラム）

相手の表情や態度などよりも、文字や図形、物の方に関心が強い。
見通しの立たない状況では不安が強いが、見通しが立つ時はきっちりしている。
大勢の人がいる所や気温の変化などの感覚刺激への敏感さで苦労しているが、それが芸術的な才能につながることもある。

学習障害（限局性学習障害）

「話す」「理解」は普通にできるのに、「読む」「書く」「計算する」ことが、努力しているのに極端に苦手。

注意欠陥多動性障害（注意欠如・多動性障害）

次々と周囲のものに関心を持ち、周囲のペースよりもエネルギッシュに様々なことに取り組むことが多い。

その他の発達障害

体の動かし方の不器用さ、我慢していても声が出たり体が動いてしまったりするチック、一般的に吃音と言われるような話し方なども、発達障害に含まれる。

出典:「精神・発達障害者しごとサポーター養成講座」厚生労働省HP

発達障害は親のせいではない

発達障害は生まれつきの障害です。発達障害の原因は、脳機能の障害によって発達にかたよりが生まれることよって、コミュニケーションや認知などにもかたよりが出てしまい、周りからは理解しがたい行動をとってしまうのです。

発達障害という病気が知られていなかったころは、親のしつけや育て方に問題がある、愛情不足が原因だなどといわれることがありました。これによって深く悩み、傷ついた親もいました。

今では脳機能の発達に問題があるという理解が広がっていますが、子育てをするなかでの親の戸惑いや不安がなくなるわけではないのも事実です。

障害名が重なることも

発達障害はいくつかのタイプに分けられます。

それぞれに特徴的な振る舞いがあり、その特徴によって障害名が付けられています。しかし、特徴的振る

診断までの流れ

問診・診察・行動観察

子どもの言葉の発達、行動の特徴などを医師が観察し、親は成育歴について聞かれる。成育歴では、人とのコミュニケーション、幼稚園や保育園での様子、知的障害があるかどうかを時間をかけて調べる。

発達検査・知能検査

発達検査とは、どの程度の発達を遂げているかを確認する検査。この検査によってどんな支援が必要かを知り、計画を立てることもある。発達検査によって知能指数(IQ)や発達指数(DQ)を知ることができる。

診断

問診や発達検査などから総合的に判断される。ただし、初回の受診だけでは診断されないこともある。

舞いが重なっていることもあります。どのタイプかを明確に診断することは難しいとされています。

また、年齢や環境によって目立つ症状が違ってくるため、診断された時期により、障害名が異なることもあるといいます。こうしたことから、障害名より、その子がどんな点に困っているのか、どんなことができて、どんなことが苦手なのかといった、その子ども自身に注目し、特性を理解したうえで接していくようにすることが大切です。

発達障害は、その障害により診断可能となる年齢が違いますが、早期発見・早期療育といわれており、適切な医療的リハビリテーション、指導訓練などの療育を行うことにより、障害の軽減および基本的な生活能力の向上を図り、自立と社会参加を促進することを目指します。乳幼児健診で問題を指摘された場合には、児童相談所などに相談し、医療機関を受診するのがいいでしょう。なにもせず、不安を抱えているよりは専門機関に相談、受診することで、子育ての不安や悩みが軽くなることもあります。

障害のある子もない子も地域の学校でいっしょに学ぶインクルーシブ教育

障害のある子が排除されない教育

近年、インクルーシブ（包括的な）教育という言葉がしばしば聞かれるようになりました。インクルーシブ教育とは、障害のある子もない子も地域の学校でいっしょに学ぶことで互いを理解し、尊重しあう共生社会の実現を目指すという考え方です。

インクルーシブ教育には、障害のある子どもが一般的な教育制度から排除されないこと、自分が生活する地域で初等中等教育の機会が与えられること、個人に必要な「合理的配慮」が提供されることが必要だとされています。合理的配慮とは、特別な支援が必要な子どもが、ほかの子と同じように教育を受けることができるよう、一人ひとりの状態やニーズに応じた教育内容、方法、設備などを整えることをいいます。

一人ひとりの力を高める特別支援教育

インクルーシブ教育を実現するために、現在、障害を超えた交流の場を設けつつ、障害のある子に対しては、障害や発達の状況に応じた学びの場を選択できるよう、小・中学校において通常の学級、通級による指導、特別支援学級、特別支援学校といった「特別支援教育」が整えられてきています。

特別支援教育では、障害児一人ひとりのもてる力を高め、日常生活や学習するうえでの困難を改善し、克服できるよう指導し、必要な支援を行います。

子どもをどの環境で学ばせるべきかは、市区町村の教育相談や就学相談の窓口で相談できます。

障害のある児童生徒の就学先決定の流れ

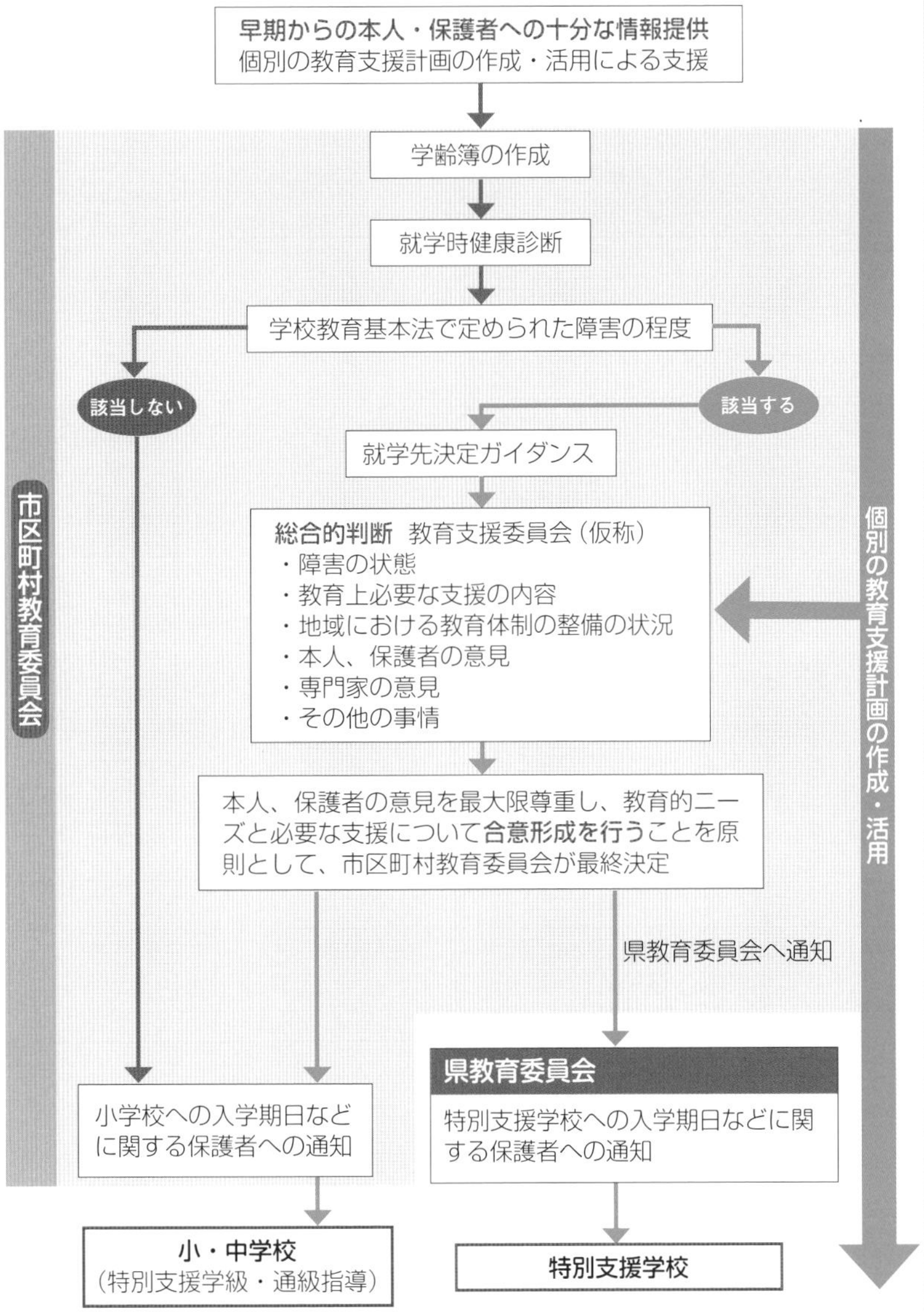
早期からの本人・保護者への十分な情報提供
個別の教育支援計画の作成・活用による支援
学齢簿の作成
就学時健康診断
学校教育基本法で定められた障害の程度
該当しない
該当する
就学先決定ガイダンス
総合的判断　教育支援委員会（仮称）
・障害の状態
・教育上必要な支援の内容
・地域における教育体制の整備の状況
・本人、保護者の意見
・専門家の意見
・その他の事情
本人、保護者の意見を最大限尊重し、教育的ニーズと必要な支援について合意形成を行うことを原則として、市区町村教育委員会が最終決定
県教育委員会へ通知
市区町村教育委員会
個別の教育支援計画の作成・活用
小学校への入学期日などに関する保護者への通知
県教育委員会
特別支援学校への入学期日などに関する保護者への通知
小・中学校
（特別支援学級・通級指導）
特別支援学校

※文部科学省 HP「インクルーシブ教育システム構築事業」を参考に作成

小学校はどこに？ 一人ひとりの状態やニーズに合わせた学びの場が充実

通常の学級以外に3つから選択

インクルーシブ教育や特別支援教育の充実により、障害のある子どもの教育の場は、以前よりも、各個人のニーズに合った多様な学びの場を選択できるようになりました。現在、障害のある子どもの就学先は、「通常の学級」のほか、「通級指導教室」「特別支援学級」「特別支援学校」の4つがあります。通常の学級以外は、それぞれ少人数制で、障害や発達の程度に合わせた指導や訓練が行われています。

通常の学級にも障害のある子どもは在籍しており、障害があるからといって通常の学級に入れないわけではありません。しかし、1学級40人（1年生35人）のなかで学習することがメリットになるかを検討する必要

特別支援学校
通常の学級と同様の教育を行うとともに、障害による学習上または生活上の困難を克服して自立を図るために必要な知識・技術を訓練する。重度の障害児にも対応。
小・中学校は1学級6人までが基準。高等学校は1学級8人。障害が2つ以上ある児童で編成する場合は、3人まで。
視覚障害、聴覚障害、知的障害、肢体不自由、病弱者（身体虚弱者を含む）
策定義務あり
教員免許・特別支援学校教諭免許

※1　58ページ参照　※2　58ページ参照

学級・学校の種類

	通級指導教室	特別支援学級
特徴	障害の程度が比較的軽い児童を対象にした特別支援教育。通級の時間はその子の必要性によって異なる。	障害による学習上や生活上の困難を克服するために設置された学級。
1学級の児童・生徒数	小・中学校は13人につきひとりの教員	小・中学校は8人
対象となる児童・生徒	言語障害、自閉症、情緒障害、弱視、難聴、学習障害、注意欠陥多動性障害、病弱・身体虚弱	知的障害、肢体（したい）不自由、病弱および身体虚弱、弱視、難聴、言語障害、自閉症・情緒障害
個別の教育支援計画（※1）と個別の指導計画（※2）の策定	策定義務あり	策定義務あり
教員の資格	教員免許	教員免許

があるでしょう（2025年度までに小学校は全学年1クラス35人以下となる）。

通級指導教室は、比較的軽度の障害の子どもが、通常の学級でほかの子どもたちと授業を受ける一方で、週に数時間だけ他校（在籍する学校にあれば校内の別の教室）に行って障害ごとに、障害に応じた授業を受ける教室です。障害があるとは認められなくても、なんらかの困難がある子どもは通うことができます。困っているときには学校に相談するといいでしょう。

特別支援学級は子ども一人ひとりの障害の内容や発達段階によって指導が異なる少人数の学級で、全国の多くの小・中学校に設置されています。ホームルームや給食などは通常の学級に参加する場合もあります。

特別支援学校は、普通学校とは別の場所にありますが、学校行事やクラブ活動、ボランティア活動などを合同で行ったり、文通やコンピュータの情報通信ネットワークを活用してコミュニケーションを図ったりするなど、障害のある子とない子が相互に交流できるよう、地域ごとにさまざまな試みがなされています。

就学相談で子どもも親も納得できる就学先を選びたい

相談後は学校見学や就学体験も

発育や発達に心配や不安のある子どもや、心身に障害がある子ども（疑いのある子ども）が入学するにあたり、自分の力を発揮して楽しい学校生活を送ることができるよう、各自治体では専門家による就学相談を行っています。ここでは、通常の学級や通級指導教室に行くべきか、特別支援学級、特別支援学校に行くべきかなどについて相談できます。

インクルーシブ教育が進められる前は、障害のある子どもは特別支援学校にいくことが望ましいとされていましたが、インクルーシブ教育が進められている現在は、子どもの意見が尊重されるようになり、適切な教育の場や支援の方法を親や専門家といっしょに考えていく場として就学相談が利用されています。

自分から申し込まないと受けられない

就学相談を受けるには、自分から教育委員会に申し込む必要があります。小学校入学前に行われる就学児健康診断で、発達・発育に遅れがあると判断されて、教育委員会から連絡がくる場合もあります。

就学相談では、子どもの行動を観察したり、親の希望を聞かれたりします。子どもの普段の様子、どんな不安があるのか、どんな教育を受けさせたいのかなど、事前に考えておくといいでしょう。

就学支援委員会は保護者の意見をできるだけ尊重しながら、障害の状態や必要となる支援の内容などの専門的な見地を踏まえ、就学先を決定します。

就学相談の一般的な流れ

就学相談の流れは、市区町村によって多少異なる。

相談申し込み

保護者から市区町村の教育支援係や教育委員会などに電話で申し込む。申し込み後、担当相談員から面談日程の調整がされる。夏休み前までに申し込むと、その後の流れがスムーズになる。

▼

面接・就学相談

相談員と親子面談。これまでの生育状況や支援の内容などが聞かれる。母子手帳、医師の診察記録などを持参するといい。子どもの行動観察も行われる。

▼

発達検査

予約制で、子どもの発達の状態を客観的に確認する。

▼

一斉相談

2回目の行動観察で、少人数集団のなかで子どもを観察する。それぞれの課題を見つけ、必要な支援方法などを探る。

▼

体験・見学

特別支援学級や特別支援学校を体験。

▼

就学支援委員会で審議

就学支援委員会で、子どもの発達の状態などを考慮し、子どもが能力を伸ばせる場はどこか話し合われる。

▼

審議結果の通知（保護者との面談※）

就学支援委員会で話し合われた内容が伝えられる。保護者の同意を得たうえで就学先を決定。

※検討結果と保護者の就学先の意向が異なる場合は、提案の内容がていねいに説明され、教育委員会と指導主事とで改めて意向が確認される。審議結果と異なる就学先を選択した場合、就学相談員との継続相談が実施される。

さまざまな交流や共同学習の機会が設けられている特別支援学校

特別支援教育の導入で特別支援学校に

特別支援学校は、2007年3月までは「ろう学校」「盲学校」「養護学校」に区分されていました。これが、2007年の学校教育法の改正により、「特別支援教育」の推進が規定され、「特別支援学校」に統一されました。

特別支援教育とは、障害のある子どもの自立や社会参加に向けた取り組みを支援するという視点に立って、子どもたち一人ひとりの教育的ニーズを把握して、適切な指導や支援を行う教育を意味しています。

特別支援学校には、幼稚部、小学部、中学部、高等部、高等部の専攻科があり、基本的には通常の幼稚園、小・中学校、高等学校に準じた教育を行っています。

充実した教育環境

特別支援学校ではインクルーシブ教育の一環として、障害のある子とない子が運動会や文化祭などの学校行事でいっしょに活動したり、児童会や音楽、図画工作などをいっしょの教室で学んだりする取り組みが行われています。

また、特別支援学校の生徒が地域のボランティア活動に参加するなど地域との交流も図られ、さまざまな共同学習の機会が設けられています。

障害の状態が重度であったり、障害が重複したりしていて特別支援学校に通えない子どもには、教員が家庭や児童福祉施設、医療機関などを訪問する訪問教育も行われています。

特別支援学校の対象となる子ども

視覚障害者

両目の視力がおおむね0.3未満、または視力以外の視機能障害が高度で、拡大鏡などを使っても通常の文字や図形などの視覚による認識が不可能、または著しく困難な人。

聴覚障害者

両耳の聴力レベルがおおむね60デシベル以上の人のうち、補聴器などを使用しても通常の話し声を理解することが不可能、または著しく困難な人。

知的障害者

❶知的発達の遅れがあり、他人との意思疎通が困難で日常生活を営むのにひんぱんに援助を必要とする人。
❷知的発達の遅れの程度が❶にまでは及ばない人のうち、社会生活への適応が著しく困難な人。

肢体不自由者

❶肢体（したい）不自由の状態が、補装具の使用によっても歩行、筆記などの日常生活における基本的な動作が不可能または困難な人。
❷肢体不自由の状態が❶にまでは及ばないが、特定の期間内につねに医学的な観察を必要とする人。

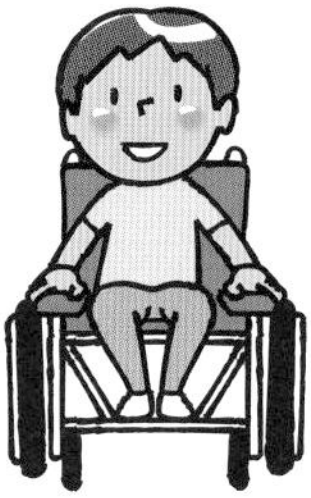

病弱者（身体虚弱者も含む）

❶慢性の呼吸器疾患、腎臓疾患および神経疾患、悪性新生物その他の疾患の状態で、継続して医療または生活上の規制を必要とする人。
❷身体虚弱の状態が継続しており、生活上の規制を必要とする人。

一人ひとりに短期的・長期的な指導計画をつくりよりよく生きることを目指す

成長の過程で一貫した支援を行うための計画

インクルーシブ教育が進むなかで、一人ひとりの状態に応じた指導を充実させ、必要に応じた支援を一貫して行うために、特別支援学級や通級指導教室、通常の学級に在籍する特別な支援が必要な子どもに対し、「個別の指導計画」と「個別の教育支援計画」を作成し、活用することが求められています。

個別の教育支援計画の活用で、教育、医療、福祉などの関係機関が連携し、家庭や地域での生活や長期的な目標について進級・進学先へと引継ぎができるようにします。一方、個別の指導計画は子どもの障害の状態に応じたきめ細かな指導が行えるよう、学校での生活や得意なことなどを記載し、進級・進学先での支援

ていねいな支援のための計画

個別の教育支援計画

障害がある子どものニーズに沿って長期的な視点で支援するための計画。学校が中心になって作成する。作成に当たっては、医療・福祉・労働などの関係機関と連携し、保護者の意見を聞く。

個別の指導計画

障害のある子ども一人ひとりの教育的ニーズに対応して工夫し、教員の共通理解のために学校における指導計画や指導内容・方法を盛り込んだもの。単元、学期ごとに作成される。

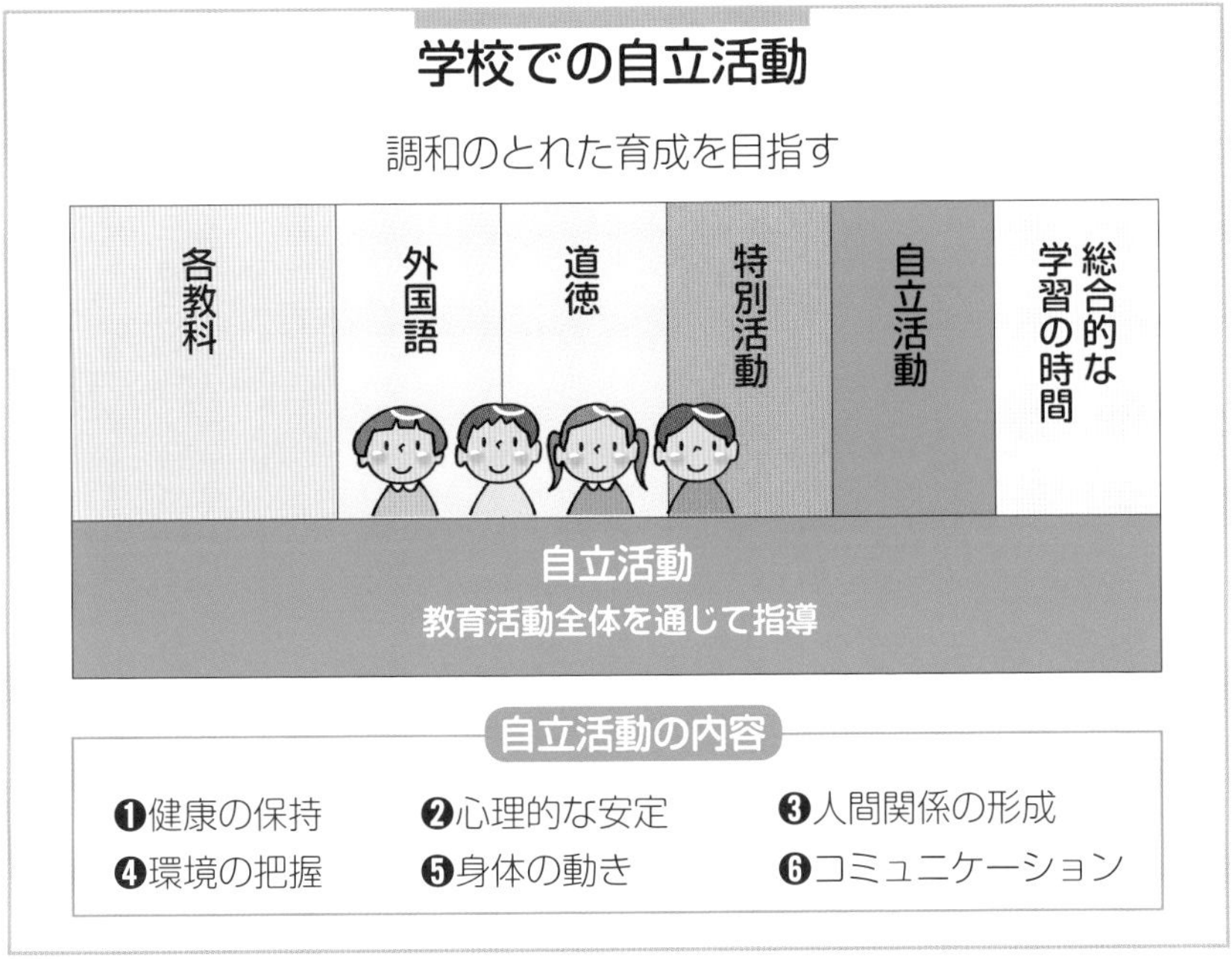
学校での自立活動
調和のとれた育成を目指す
各教科
外国語
道徳
特別活動
自立活動
総合的な学習の時間
自立活動
教育活動全体を通じて指導
自立活動の内容
❶健康の保持
❷心理的な安定
❸人間関係の形成
❹環境の把握
❺身体の動き
❻コミュニケーション

にもつながるようにします。

生活上の困難を克服するための自立活動

特別支援学校の小学部と中学部では、障害による学習や生活上の困難を自ら改善・克服するために必要な知識、技能、態度、習慣を身に付けて、よりよく生きていくことを目的とした「自立活動」の時間が設けられています。これは単に自立活動の時間を設けるだけでなく、学校で行われる教育全般のベースとなり、各教科でも取り入れられることになっています。

自立活動の内容は「健康の保持」「心理的な安定」など6つの内容を盛り込むことになっています。

自立活動については目標や指導内容を明確にするために個別の指導計画が作成されます。このようにして、たとえば心理的な課題をもつ子どもやコミュニケーションが苦手な子どもなどそれぞれに対し、必要な指導が行われ、自分でできることを増やしていきます。

自立活動は特別支援学級や通級指導教室でも取り入れることがすすめられています。

学校と連携し、放課後や長期休暇中にも障害児の自立を目指す「放課後等デイサービス」

福祉法

子どもだけでなく保護者も支援

「放課後等デイサービス」は、小学校や中学校、高等学校、特別支援学校に通学中の障害児に対して、放課後や夏休みなどの長期休暇中に生活能力向上のための学習や訓練を継続的に提供するサービスです。学校教育と連携しながら障害児の自立促進を目指しています。

また、地域社会への参加を進めて、障害のある子どもが集団のなかで育つことも支援しています。

さらに、親を支援する側面もあります。

① 子育ての悩みなどに対する相談を行う。
② 家庭内での養育などについてペアレント・トレーニングなどを活用しながら、子どもの育ちを支える力をつけられるよう支援する。
③ 保護者の時間を保障するために、ケアを一時的に代行する。

これらの支援によって親が子どもに向き合うゆとりと自信を回復することも、子どもの発達に好ましい影響を及ぼすものと期待されています。

児童の安全を守るため、学校と事業所間の送迎も行っていますので、仕事をしている親も安心です。

基本的に18歳までが利用できる

このサービスは未就学児童が利用する「児童発達支援」（34ページ）と基本的には同じもので、2つのサービスを提供している施設であれば継続して利用できます。利用できるのは、学校教育法に規定する学校（幼稚園、大学を除く）に就学している6歳から18歳まで

放課後等デイサービスの主なサービス

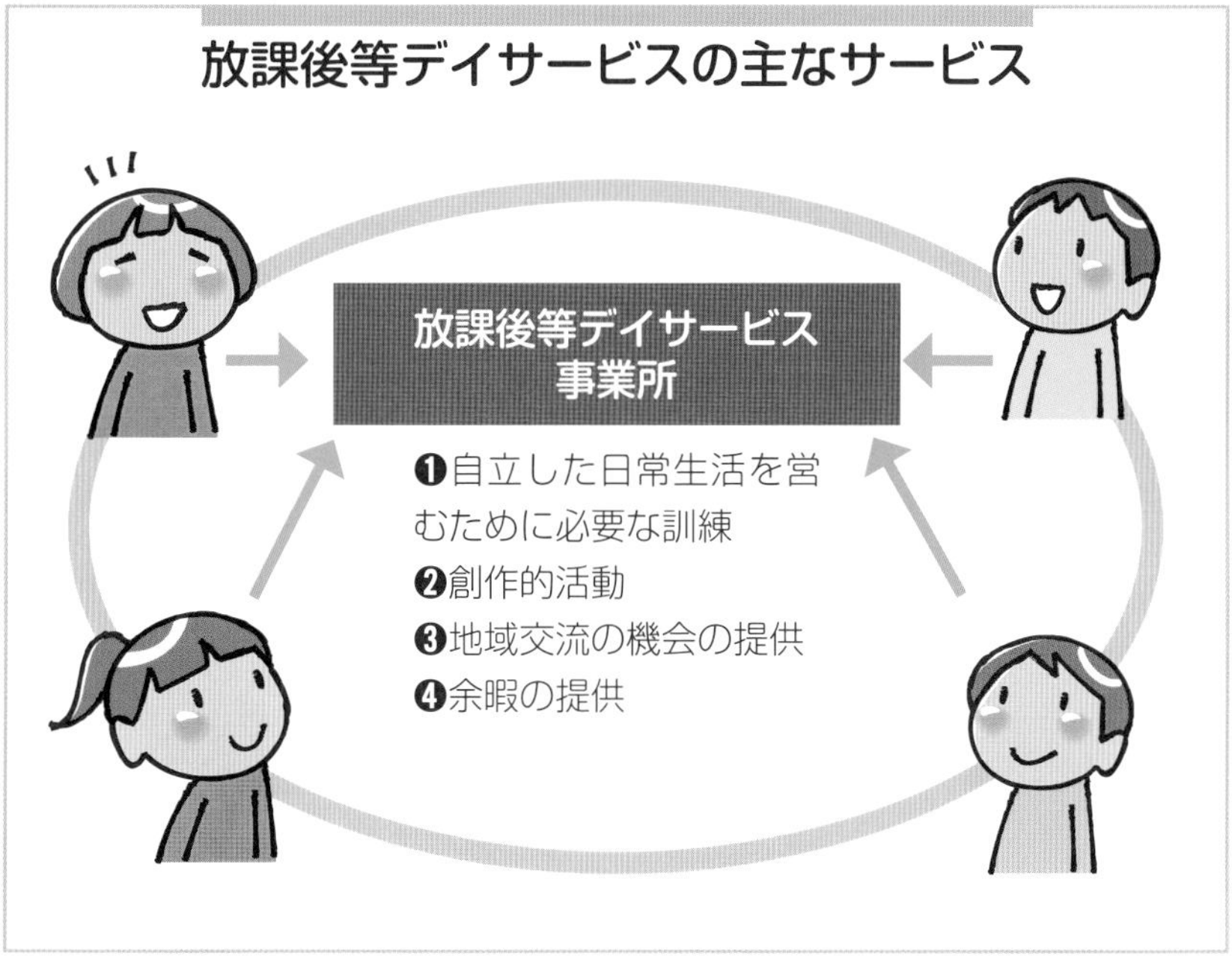
放課後等デイサービス
事業所
❶自立した日常生活を営むために必要な訓練
❷創作的活動
❸地域交流の機会の提供
❹余暇の提供

の障害児ですが、引き続いて放課後等デイサービスを受けなければ、その福祉を損なう恐れがあると認められたときは、満20歳に達するまで利用できます。もし就学していなければ、放課後等デイサービスではなく児童発達支援を受けることになります。また、学校教育法で定められた学校以外、たとえば専修学校や各種学校に通っていれば、児童発達支援を利用することになります。

このサービスは児童福祉法で決められたものですから、障害者手帳は不要で、市区町村が交付する受給者証があれば利用できます。

指導には児童指導員、児童発達支援管理責任者などがあたります。実際に利用しているのは発達障害のある子どもが多いようで、保護者が仕事をしているケースも少なくありません。もちろん、仕事をしていなくても利用できます。

放課後等デイサービスを利用する子どもは近年急増しています。利用を希望する場合は、地域の市区町村の障害福祉課などに相談してください。

中学校を卒業したらどうする？高等学校や大学進学の道も開かれている

高等部卒業で大学受験ができる

中学校や特別支援学校の中等部などを卒業すると、義務教育が終了します。この先をどうしようかと迷う親も多いことでしょう。

一般の高等学校や特別支援学校の高等部を目指すのか、就職を目指して高等専修学校を受験するのか、選択肢はいくつもあります。データによると、多くの子どもたちは中学を卒業すると高等学校へ進学しています。特別支援学校高等部では清掃や介護などの技術を専門的に学ぶ専攻科があります。このような科を卒業すれば、就職に有利になるでしょう。

特別支援学校高等部を卒業すると、「特別支援学校高等部卒業」という資格が得られます。大学進学を希望する場合はこの資格があれば、大学受験をすることができ、合格すれば大学に進学が可能です。

高等部卒業は高卒の資格ではない

ただし、特別支援学校高等部卒業の資格は、高等学校卒業の資格とは別のものです。特別支援学校では、自立活動という授業があったり、各教科の時間総数の差があったりするため、高等学校卒業の資格とは認められず、中学卒業となります。

高等学校卒業後に、特別支援学校高等部専攻科でさらに学ぶことで職業能力を高め、資格取得を目指すこともできます。たとえば、視覚障害の人の場合なら、修業1～3年で、あん摩マッサージ指圧師、鍼師（はりし）、灸師（きゅうし）、理学療法士などの資格を取得できます。

特別支援学校中学部および中学校特別支援学級卒業後の状況

（本科／国・公・私立計／平成30年3月卒業者）

区分		卒業者（人）	進学者（人）	教育訓練機関等入学者（人）	就職者（人）	社会福祉施設等入所・通所者（人）	その他（人）
中学部	計	10,491	10,322 (98.4%)	21 (0.2%)	4 (0.04%)	62 (0.6%)	82 (0.8%)
	視覚障害	177	174 (98.3%)	— (—)	— (—)	1 (0.6%)	2 (1.1%)
	聴覚障害	402	400 (99.5%)	— (—)	— (—)	— (—)	2 (0.5%)
	知的障害	7,881	7,780 (98.7%)	14 (0.18%)	3 (0.04%)	29 (0.4%)	55 (0.7%)
	肢体不自由	1,698	1,657 (97.6%)	2 (0.1%)	— (—)	24 (1.7%)	15 (0.9%)
	病弱・身体虚弱	333	311 (93.4%)	5 (1.5%)	1 (0.3%)	8 (2.4%)	8 (2.4%)
中学校特別支援学級		22,132	20,927 (94.6%)	429 (1.9%)	153 (0.7%)	623 (2.8%)	

出典：「学校基本統計」（文部科学省）
※進学者は、高等学校、中等教育学校後期課程および特別支援学校高等部の本科・別科、高等専門学校へ進学した者の計。
※教育訓練機関等は、専修学校（高等課程）進学者、専修学校（一般課程）等入学者および公共職業能力開発施設等入学者の計。
※社会福祉施設等入所・通所者は、児童福祉施設、障害者支援施設等および医療機関の計。
※その他は、家事手伝いをしている者、外国の学校に入学した者、進路が未定であることが明らかな者および不詳・死亡の者等の計。なお、中学校特別支援学級卒業者のその他は、社会福祉施設等入所・通所者を含む。

専門家からのアドバイス

中学校を卒業する前に考えておきたいこと

中学卒業後は、ほとんどの子どもが進学します。進学先としては、特別支援学校の高等部、高等特別支援学校、高等専修学校、職業能力開発校などがあります。中学卒業後の進路を考える場合、さらにその先までを考えて進路を選択する必要があるかもしれません。福祉施設を利用するのか、就労を目指すのか、さらに進学を目指すのか。それによって進学先も異なります。高等特別支援学校は、卒業後は就労を目的としています。入学試験があり、必ず入学できるわけではありません。

高等専修学校も卒業後の就労を目的とした学校で、履修できる科目は学校によりさまざまです。一般の高校入試とは違い、公立と私立の併願は基本的にありません。早い人では中学1年生から学校見学に行っています。中学3年生になってから進学を考えるのではなく、事前に学校見学や学園祭などに行って学校の特色や雰囲気を知っておくといいでしょう。

ケーススタディ

あせらず子どもの発達に合わせて

知的障害のある
Aさん
（17歳）

Aさんが4歳のころ、母親はAさんとほかの子と比較して「うちの子はできないことが多い」とあせっていました。

Aさんのお母さんは療育（発達支援）教室の先生から、「大切なのは『できるようになっていくこと』だけじゃないと思う。2歳児の発達段階にいるのであれば、2歳児の世界を広げてあげることがいいんじゃないかな」と声を掛けられ、視界が広がったような感覚を覚えました。

お母さんはそこから、わが子の「今いる世界を豊かにしていくこと」を大切に考えるようになりました。就学前には、通所型リハビリで作業療法・理学療法・言語聴覚の訓練や一般の保育園にも通わせました。そうした経験のなかで、わが子がどんな子どもかを客観的に知ることができました。そして、少しずつ不安が小さくなっていきました。

17歳になった今は、放課後等デイサービスに通っています。通所前には複数の施設を見学し、季節のイベント、買い物などさまざまな経験をさせてくれるところを選びました。周りの人たちから、「いい子だね。きっといい子育てだったんだね」とほめられています。お母さんにとっては、とてもうれしい言葉です。

ケーススタディ

特別支援学校と協力して

自閉症の
B君
（14歳）

B君は言葉は話せますが、文章の組み立てや語彙が少ないため、なかなか会話が成り立たないという特性をもっていました。

B君のお母さんは、学校の話をしてくれないからどんなことをやっているのかわからないと悩んでいました。

特別支援学校の教師がB君に週に1回、日記を書いてお母さんに読んで聞かせてあげるという課題を出しました。文章の組み立ては難しいため、「今日○○の授業で○○をしました。○○が楽しかったです」や、「今日○○の授業で○○をしました。○○がむずかしかったけどがんばりました」などの定型文のなかの○○の部分を自分で考えて教師といっしょに文章を完成させていく方式です。

日記には保護者のコメント欄を設け、「伝わった」「もう少し」「わからない」の評価を付けてもらうことにしました。こうした評価が本人の意欲につながり、毎週その日になるとB君は、「日記書きます」と自分から教師に伝えるようになりました。お母さんも、B君から学校の話を聞くことができてうれしいと喜んでいました。

特別支援学校では、障害のある子ども一人ひとりの特性に合った支援を行っています。時間はかかりますが、保護者と教師が協力することでできることが増えていきます。

ケーススタディ

成長に時間はかかっても……

知的障害のある
Cさん
（18歳）

Cさんは不登校の生徒でした。特別支援学校高等部2年生の担任教師が家庭訪問で根気よく関係を築いていき、2学期頃には週に一度は会うことができるようになりました。

そこで、教師が「放課後の学校に来てみない?」と誘ってくれました。

誘われたときのCさんは緊張していましたが、翌週、Cさんは学校に行きました。以来、週に1回放課後通学するようになり、次第に帰りの会の時間に学校に行って会に参加することができるようになりました。友だちとも少しずつ関われるようになると、次に「修学旅行にみんなと行きたい」という目標をもつようになりました。

自分から入念な準備に取り組み、3年の秋には無事に3泊4日の旅行に行くことができました。

教師はもちろん両親もCさんの変化には驚かされました。教師の声掛け、友だちといっしょにものごとに取り組むことの楽しさなど、さまざまな要因がCさんを変えていったようです。

進路を選択する際には、自宅から近くの就労継続支援B型事業所に実習に行き、就職先を決めました。

パート2 仕事に就くとき・就いてから

※ 支援法 は「障害者総合支援法」で規定されたサービスを示しています。これらについては全国どこでも同じサービスを受けることができます。それら以外のサービスは、市区町村によりサービスの内容や運用などが異なります。

就労を希望する人はハローワークや障害者就業・生活支援センターなどに相談を

働く障害者は年々増加している

子どもに障害があることにより、仕事に就けるのか、どんな仕事があるのか、会社で無理なく仕事が続けられるのかなど、心配する親も少なくありません。

特別支援学校を卒業すると、そのまま一般企業に就職したり、あるいは一般企業への就職を目指してスキルを磨く就労移行支援のサポートを受けたり、一般企業への就職がむずかしい障害者に働く機会が提供される就労継続支援のサポートを受けたりと、その進路はさまざまです。

２０１７年に特別支援学校を卒業した約2万１０００人の障害者のうち、約30％が一般企業に就職し、約30％は就労移行支援、就労継続支援の就労系障害福祉サービスを利用しています。

就労系障害福祉サービスから一般企業へ就職する人も年々多くなっており、就労系障害福祉サービスから一般企業へ就職する人は、２００３年に比べると11・5倍にも増えています。

もちろん、特別支援学校から大学や専修学校に進学する人もいますが、仕事に就こうとする障害者は決して少なくありません。

特別支援学校に在籍する生徒であれば、学校が行っている就職支援を受けることができますが、ほかにも障害者就業・生活支援センターやハローワークなどが就労に関する最初の段階の相談に応じたり、職場実習のあっせんや就職活動の方法などについて相談に応じたりしています。

就労に向けた相談窓口

●なにから始めればいいかわからないとき
●支援制度や支援機関を知りたいとき

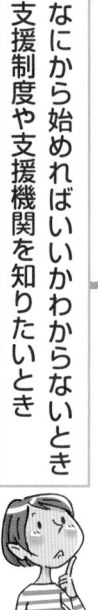

●就職に向けての課題や自分にあった仕事を知りたいとき

就労に関するさまざまな相談支援

障害者就業・生活支援センター

●就職に向けた職業準備訓練、職場実習のあっせんを行う。
●生活習慣、健康管理、金銭管理などの日常生活の自己管理に関するアドバイスを行う。

職業相談・職業紹介

ハローワーク

●就職を希望する障害者の求職登録を行い、障害によって異なる適正や希望職種に応じて相談・紹介などを行う。
●専門的な支援が必要な障害者には地域障害者職業センターを紹介したり、生活面を含めた支援のために障害者就業・生活支援センターを紹介したりするなど、関係機関と連携した就職支援を行う。

障害者相談支援事業

市区町村の窓口や相談支援事業者

●福祉サービス利用のしかたや活用のしかたについての情報提供や相談を行う。
●社会生活力を高めるための支援を行う。
●同じような障害を抱える人同士による問題の理解と解決を図る（ピアカウンセリング）。

職業カウンセリングや職業評価

地域障害者職業センター

●障害者一人ひとりの希望を把握して仕事を遂行するのに必要な能力を評価し、それをもとに職場に適応するために必要な計画を立てる。
●センター内で作業体験、職業準備講習、社会生活技能訓練を行い、仕事ができるように能力の向上を図る。
●精神障害のある人に対して医療関係者と連携して総合的な支援を行う。

企業には障害者の雇用が義務付けられている

働くチャンスは広がっている

「障害者の雇用の促進等に関する法律（障害者雇用促進法）」は、障害の有無にかかわらず希望や能力に応じて地域で暮らし、地域の一員として生活できる共生社会の実現を目指しています。

これを実現するために、民間企業だけでなく国や地方自治体には、従業員に対して一定の割合で障害者を雇用することが義務付けられています。これを「法定雇用率」といいます。

2018年4月から民間企業の法定雇用率は2・2％になっています。このため45・5人以上従業員を雇用している民間企業であれば障害者をひとり以上雇用する義務があることになります。ただし、これは経過措置で、2021年3月末までに法定雇用率は2・3％に引き上げられることになっています。引き上げられた場合には、従業員43・5人以上の企業は障害者をひとり以上雇用することになり、障害のある人が働けるチャンスはさらに広がります。

障害者雇用義務の対象（雇用率の算定対象）となるのは、身体障害者手帳、療育手帳、精神障害者保健福祉手帳をもっている人です。

合理的な配慮は企業の義務

一方、障害者雇用促進法ではすべての事業主に対して、障害であることを理由とした障害のない人との不当な差別的扱いを禁止することを求めています。募集・採用、配置、昇進、教育訓練などあらゆる面で差別は禁止されています。

また募集や採用時には障害者が応募しやすいような配慮を、採用後には仕事をしやすいような配慮をすることも求めています。

障害のある人を雇用する際のルール

差別の禁止の例

- 障害者であることを理由にして障害者を募集や採用の対象から排除しない。
- 募集や採用にあたって、障害者に対してのみ一定の資格などを応募の要件とするなど、不利な条件を付けない。
- 賃金、配置、昇進、降格、教育訓練などで障害者に対する差別をしない。

合理的配慮の例

- 視覚障害のある人には、募集内容について、音声などで提供する。
- 聴覚障害や言語障害のある人には、筆談などにより面談を行う。
- 肢体(したい)不自由の人には、机の高さを調節したりして作業ができる工夫をする。
- 知的障害のある人には、本人の習熟度に応じて業務量を徐々に増やしていく。
- 精神障害のある人には、出退勤時刻・休暇・休憩に関し、通院・体調に配慮する。

知っておきたいこんな制度

職業生活全般の相談・指導を行う 障害者職業生活相談員

障害者が5人以上働いている事業所では、厚生労働省が定める資格をもっている従業員のうちから障害者職業生活相談員を選ぶことが義務付けられています。

障害者職業生活相談員は、障害の特性に応じた仕事を選んだり、設備や施設を改善したり、労働条件や職場の人間関係をサポートしたりするなど、障害者が安定して仕事を続けるための役割を担っています。

ハローワークが中心の「チーム支援」を利用して就労を図り職場への定着を

職場探しから定着まで一貫してフォロー

就職したくとも「受け入れてくれる職場はあるのか」といった不安を抱えている人もいるかもしれません。そんな不安や悩みを解決するために、現在、国では障害者の就職をチームで支援する仕組みを整えています。

ハローワークを中心に、地域障害者職業センター、障害者就業・生活支援センター、就労移行支援事業所などの福祉施設の職員と、ジョブコーチ、福祉事務所などがチームを結成。障害者一人ひとりの仕事の能力に応じて「障害者就労支援計画」をつくり、その計画にそって障害者の希望や特性に合った職場探しから就労の準備・訓練、職場定着、就業生活支援までを一貫してフォローしています。このチーム支援によって、就職している障害者も増えているといいます。

職場見学で就労への理解が進む

チーム支援とともに、ハローワークと都道府県の労働局が中心になって「福祉・教育・医療から雇用への移行推進事業」も実施しています。企業や障害者、その保護者等が抱きがちな就労に対する不安を解消するとともに就労への理解を深めるために、地域のニーズを踏まえながら、就労支援セミナー、事業所見学会、職場実習などを行っています。

事業所見学会や職場実習も企業を知るのに大きな効果を上げているといいます。こうした支援を活用したいときは、ハローワークに相談するといいでしょう。

チーム支援の仕組み

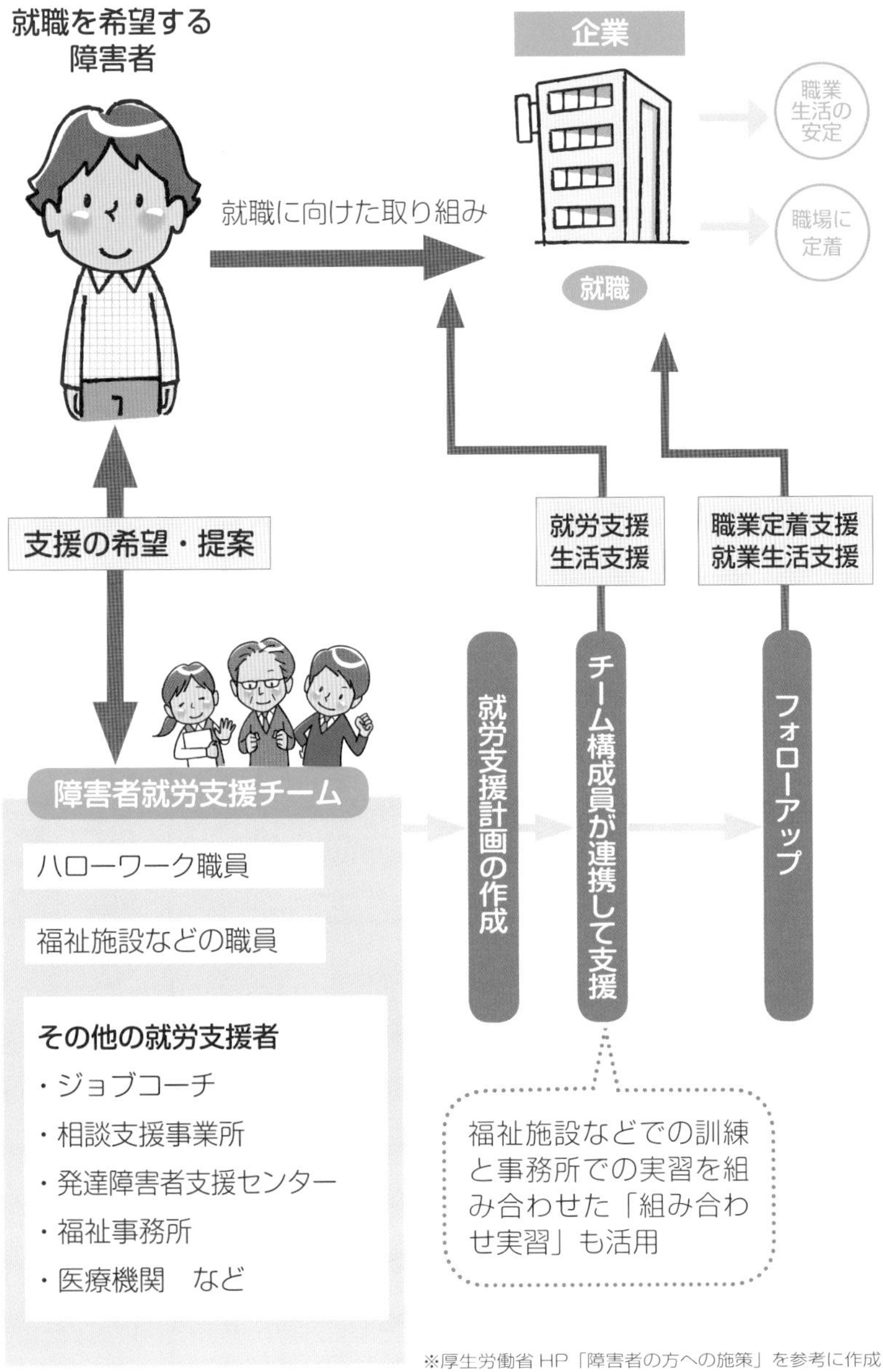
就職を希望する
障害者
企業
職業
生活の
安定
職場に
定着
就職に向けた取り組み
就職
支援の希望・提案
就労支援
生活支援
職業定着支援
就業生活支援
就労支援計画の作成
チーム構成員が連携して支援
フォローアップ
障害者就労支援チーム
ハローワーク職員
福祉施設などの職員
その他の就労支援者
・ジョブコーチ
・相談支援事業所
・発達障害者支援センター
・福祉事務所
・医療機関　など
福祉施設などでの訓練と事務所での実習を組み合わせた「組み合わせ実習」も活用

※厚生労働省 HP「障害者の方への施策」を参考に作成

就労系の障害福祉サービスのひとつ「就労移行支援」は一般企業への就職をサポート

就労移行支援の対象となる人

●65歳未満で企業への就労を希望する人

●あん摩マッサージ指圧師免許、鍼師（はりし）免許、灸師（きゅうし）免許を取得して就労を目指す人（この場合の利用期間は3年または5年）

※ 65歳以上でも一定の要件を満たせば利用可能。

技能を磨いて就職を目指す

現在、「障害者総合支援法」に基づく就労系の障害福祉サービスには、「就労移行支援事業」「就労継続支援A型事業」「就労継続支援B型事業」「就労定着支援事業」の4種類があります。それぞれどんな支援をしているのか、ひとつずつ紹介していきましょう。

就労移行支援は、一般企業に雇用が可能と見込まれる65歳未満（原則18歳以上）の障害者を対象にしたサービスです。国の基準を満たした就労移行支援事業所に通い、就労に必要な知識や能力を高める訓練を行い、その人の適正にあった職場への就職を目指します。

就労移行支援を利用できる期間は最長2年（養成施設の利用を除く）で、その間に、自分の特性を生かし

就労移行支援のサービスの内容

●職業訓練
ビジネスマナーやパソコンのスキルなどを身に付けるほか、挨拶や言葉遣いなども身に付ける。

●企業実習
職場見学や実習、実践的なトレーニングを行う。

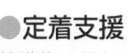

●職場探し
障害者のペースに合わせて就職活動を進め、希望に沿った職場探しや、自己PRの方法などをサポート。

●定着支援
就職後の困りごとの解決や、仕事や生活の配分などの支援。

サービスを提供する事業所を検索できるサイト

・WAM　NET（ワムネット）
独立行政法人福祉医療機構が運営する福祉・保健・医療の情報サイト。「障害福祉サービス等情報検索」のコーナーで、地域別に検索できる。


た技能を身に付け、就職先を探します。その間に就職できなかったり、体調不良で事業所に通えなかったりした場合など、延長することで就職が見込めるときは、個別審査を経て最大1年間更新することができます。

また、就職後6カ月は定着への支援をしてくれます。

利用料は障害者総合支援法で決められた金額（129ページ）ですが、食費などについては実費負担となります。

見学で自分に合った事業所かを確認

訓練のための事業所は、現在全国に3500カ所以上（2018年現在）あり、社会福祉法人や民間企業などが運営しています。地域の障害福祉課などに相談すると、通える範囲内の支援機関を紹介してくれます。

最近は、インターネットでも探すことができます。

学ぶ内容やカリキュラムは事業所によってさまざまです。希望の事業所があれば、見学や体験入所で、就職実績、希望する職種に役立つ内容か、雰囲気はよいかなど、しっかり確認してから利用しましょう。

支援法

就労継続支援A型、B型はともに利用期間の制限なく職業訓練が可能

事業所と雇用契約を結ぶA型

一般企業への就職が困難な人や、就労移行支援事業で就労に至らなかった人たちを対象に、就労に必要な知識や技能を身に付けるための訓練等の支援を行うのが「就労継続支援A型」と「就労継続支援B型」です。

A型は雇用型ともいい、現状では一般企業への就職はむずかしいものの、事業所などと雇用契約を結び、給料をもらいながら職業訓練を行い、一般企業への就職を目指す人(65歳未満)を対象としています。事業者からは、その地域の最低賃金が支払われます。

契約なしで作業分の賃金が支払われるB型

一方のB型は非雇用型といわれており、事業所などとの雇用契約はしません。通所しながらできる範囲でパンやクッキーをつくったり、手芸作品をつくったりすることで、作業した分についての賃金が支払われます。B型に通う人でも、一般の企業への就職やA型、就労移行支援を希望する人もいます。そこで、一般就労ができるような知識や能力を高めるための支援も行われます。

A型、B型とも、就労移行支援事業と違って利用期間に制限がないため、各人の障害の度合いや体調をみながら長期的な視点で利用できる利点があります。

事業所を選ぶ際には、地域の障害福祉課などに相談したり、インターネット(75ページ)で検索したりする方法があります。事業所の仕事やプログラムは各所で異なります。見学や体験をして選ぶといいでしょう。

就労継続支援 A 型と就労継続支援 B 型の違い

	就労継続支援 A 型事業	就労継続支援 B 型事業
特徴	●雇用契約に基づいて働くことができる。収入が安定し、週20時間以上の労働者は労災保険と雇用保険にも加入。 ●一般企業への就職に必要な知識、技能を身に付ける訓練を行うことを支援する。 ●利用者はサービスにかかる費用の1割を負担。	●一般企業で就労することは困難で、事業所などとの雇用契約を結んで働くことが難しい人を支援。 ●短時間労働も可能だが、賃金が低い傾向にある。 ●利用者はサービスにかかる費用の1割を負担。
対象者	(1)就労移行支援事業を利用したが、企業等の雇用に結びつかなかった人。 (2)特別支援学校を卒業して就職活動を行ったが、企業への雇用に結び付かなかった人。 (3)就労経験はあるが、現在は企業等との雇用関係がない人。 ※65歳以上でも一定の要件を満たせば利用可能。	(1)就労経験はあるが、年齢や体力の面で一般企業に雇用されることが困難になった人。 (2)50歳に達している人、または障害基礎年金1級受給者。 (3)(1)にも(2)にも該当しないが、就労移行支援事業者等によるアセスメント（調査や評価）で就労面に関する課題があると判断された人。 (4)障害者支援施設に入所する人については、指定特定相談支援事業者による「サービス等利用計画」の作成の手続きを経たうえで、市区町村が施設入所支援と就労継続支援B型の利用の組み合わせの必要性を認めた人。
主なサービスの内容	●生産活動などの機会の提供（雇用契約に基づく）。 ●就労に必要な知識や能力向上のための訓練。	●生産活動その他の活動の機会の提供(雇用契約を結ばない)。 ●就労に必要な知識および能力向上のために必要な訓練。
平均賃金・工賃（2018年度）	月額　76,887円 （時間額　846円）	月額　16,118円 （時間額214円）

支援法

一般企業に就職した障害者の職場定着率アップを目指した「就労定着支援」

本人と企業を面談して定着につなげる

一般企業に就職する障害者は全体的に増加の傾向にありますが、就職1年後の障害別の職場定着率をみると、発達障害者の71.5%、知的障害者68.0%、身体障害者60.8%、精神障害者が49.3%という結果です（独立行政法人高齢・障害・求職者雇用支援機構障害者職業総合センター・2017年）。

厚生労働省では、2018年4月から就労系の障害福祉サービスから一般企業に就職した障害者に対して、早期離職を防ぎ、職場への定着を目指した「就労定着支援」を始めました。

就職をした障害者の場合は、生活が大きく変化することによって生活リズムが乱れる、職場の人とコミュニケーションが取れない、お金の管理ができないなどの問題が出てくることがあります。そこで、生活面での課題をみつけ、事業所やかかりつけの医師、就労移行支援事業所などとの橋渡しをして問題の解決に向け、定着を図ろうというわけです。

月1回以上は支援者が利用者の自宅と企業を訪問し、障害者一人ひとりに必要な支援を行います。この支援は就労から6カ月を経過した人を対象に、就労定着支援事業所が中心となって行われます。利用できる期間は最長3年です。

定着支援の期間が終った後は就労定着支援事業所で支援を引き継ぐことも可能です。また、支援を終了する場合は、必要に応じて障害者就業・生活支援センターなどへ引き継ぎます。

就労定着支援の仕組み

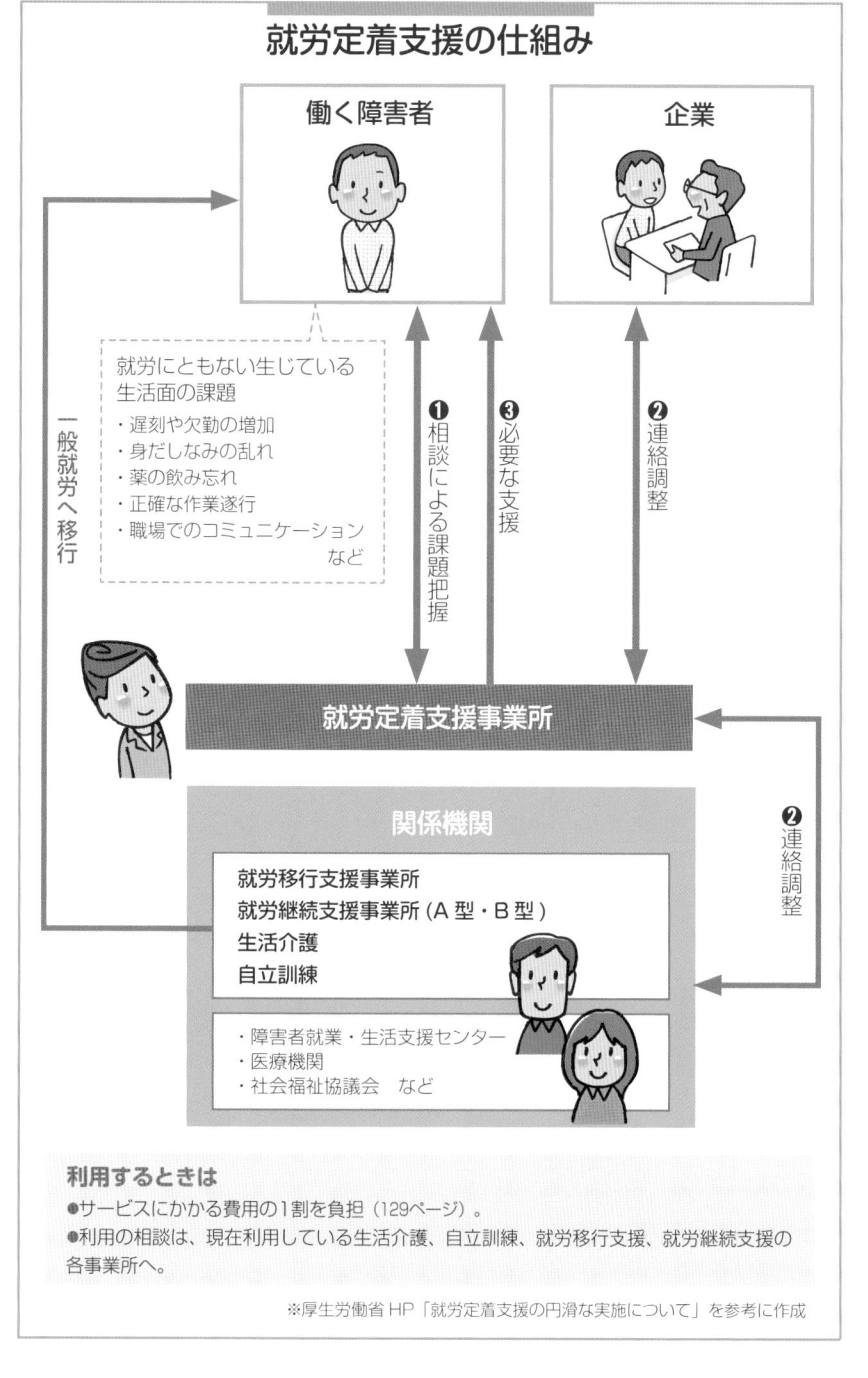

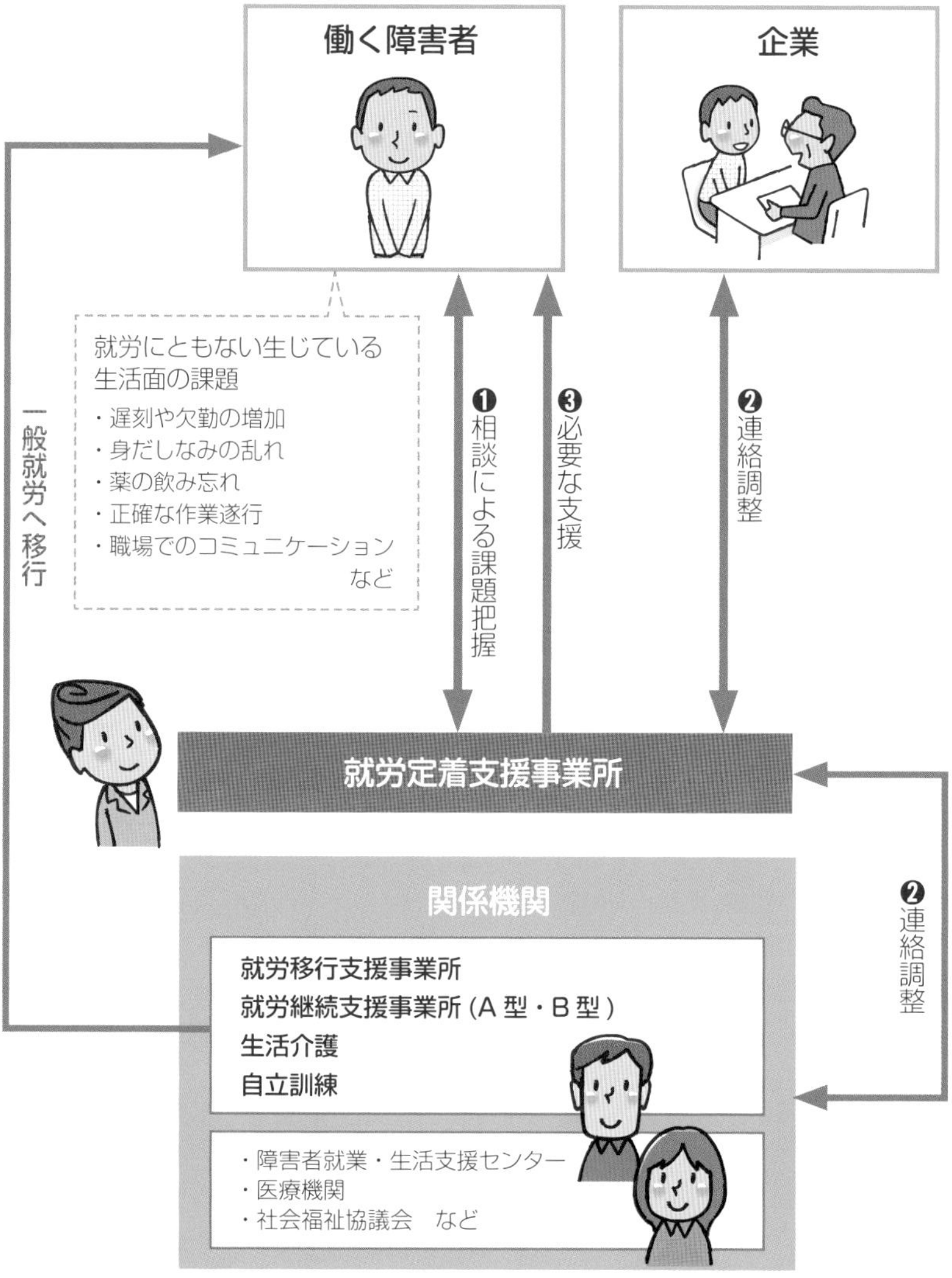
働く障害者
企業
就労にともない生じている
生活面の課題
・遅刻や欠勤の増加
・身だしなみの乱れ
・薬の飲み忘れ
・正確な作業遂行
・職場でのコミュニケーション
など
一般就労へ移行
❶相談による課題把握
❸必要な支援
❷連絡調整
就労定着支援事業所
❷連絡調整
関係機関
就労移行支援事業所
就労継続支援事業所（A 型・B 型）
生活介護
自立訓練
・障害者就業・生活支援センター
・医療機関
・社会福祉協議会　など

利用するときは

●サービスにかかる費用の1割を負担（129ページ）。

●利用の相談は、現在利用している生活介護、自立訓練、就労移行支援、就労継続支援の各事業所へ。

※厚生労働省 HP「就労定着支援の円滑な実施について」を参考に作成

「障害者トライアル雇用」制度の利用で仕事と職場の相性を確認して正式雇用へ

制度を利用した人の継続雇用率は高い傾向

一般企業への就職を希望し、新たな仕事にチャレンジしたいけれどうまくいくか不安な人や、自分に合った仕事や職場を探している人は、「障害者トライアル雇用」制度を利用するといいでしょう。実際に企業で一定期間仕事を体験し、職場の人間関係や環境を知れば、そこが自分に合っているかを見極めることができます。

企業側も正式に雇用する前に、その人の障害について理解できるため、適正な業務がなにかを判断することができるというメリットがあります。お互いが理解を深め、納得したうえで正式雇用に至るため、トライアル雇用せずに就職するよりも、継続して働き続ける人の割合は高くなっています。

障害者トライアル雇用を利用するには、まずはハローワークや民間の職業紹介事業者などに問い合わせます。希望の企業や職種がみつかれば応募し、面接を受けてトライアル雇用が決まれば原則3カ月のトライアル期間に入ります。ただし、精神障害の人は原則6カ月、最大12カ月までの期間を設けることができます。その結果、お互いが継続雇用を希望するに至れば、正式に雇用契約を結びます。

精神障害や発達障害の人で、「短時間なら働けそう」という人のためには、「障害者短時間トライアル雇用」制度もあります。こちらは、まず週10時間以上20時間未満、体調に合わせて勤務し、最大12カ月かけて職場に慣れながら、20時間以上の勤務を目指します。

障害者トライアル雇用の対象となる人

- 紹介日時点で、就労経験のない職業に就くことを希望している人
- 紹介日の前日から過去2年以内に2回以上離職や転職を繰り返している人
- 紹介日の前日時点で離職期間が6カ月を超えている人
- 重度身体障害、重度知的障害、精神障害のいずれかの障害のある人

障害者トライアル雇用の流れ

「障害者トライアル雇用求人」に応募し、採用が決まったら3～6カ月間の有期雇用契約を締結。トライアル雇用期間終了後、改めて継続雇用契約を締結する。

ハローワークなどに問い合わせ
面接
有期雇用契約の締結
継続雇用契約の締結
障害者トライアル雇用
(約3～6カ月間)
1年を超える期間の雇用

トライアル雇用の利用で長期間働けるように

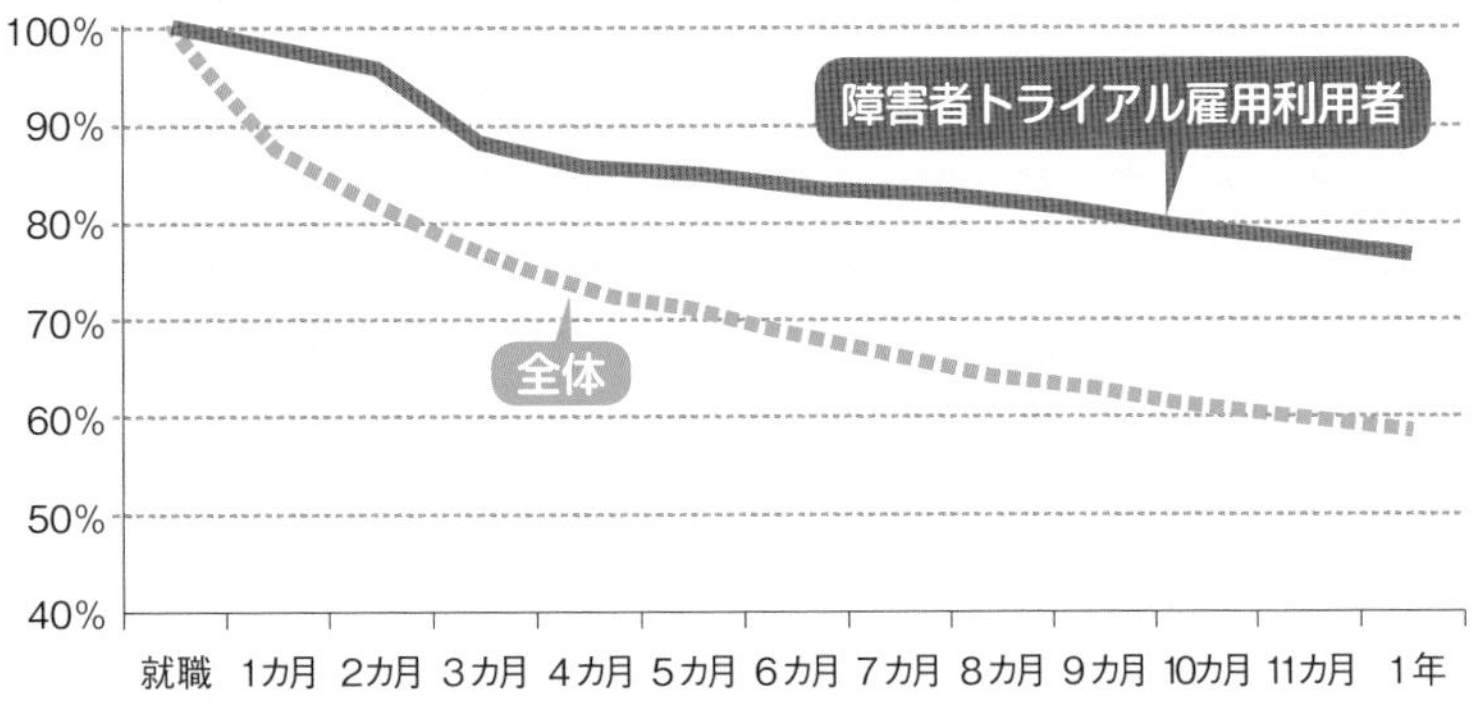
100%
90%
80%
70%
60%
50%
40%
就職
1カ月
2カ月
3カ月
4カ月
5カ月
6カ月
7カ月
8カ月
9カ月
10カ月
11カ月
1年
障害者トライアル雇用利用者
全体

出典：「障害者の就業状況等に関する調査研究」『調査研究報告書 No.137』（独）高齢・障害・求職者雇用支援機構 障害者職業総合センター

障害者の就業の不安と悩みに寄り添い職場への適応をサポートする「ジョブコーチ」

ジョブコーチは企業と障害者の橋渡し役

障害のある人が就職後、職場に適応して長く働けるよう支援する制度には、ジョブコーチ（職場適応援助者）によるサポートもあります。

たとえば、障害のある人が障害者トライアル雇用を体験する初日にジョブコーチも企業を訪問し、仕事の効率のいい進め方などの相談にのったり、職場の指導担当者とのコミュニケーションがスムーズにいくまでの間、必要に応じて職場を訪れて両者の橋渡しを行ったりするなどきめ細かなサポートが行われます。

さらに、事業主には障害者の状況を報告し、問題があれば、本人が力を発揮しやすい作業の提案や、指導のしかたなどについて助言します。ジョブコーチによる支援は、上司や同僚による支援にスムーズに移行していくことを目指しています。

ジョブコーチには配置型・企業在籍型・訪問型の3つのタイプがあります。

障害の特性に応じたサポートが期待できる

ジョブコーチの利用に障害者手帳の有無は問われませんが、障害者と事業主の双方の同意が必要です。利用したい場合は、ハローワークや障害者就業・生活支援センターなどに申し込みます。

一般的に、ジョブコーチが入る期間は2～4カ月が想定されており、利用のための費用はかかりません。

ジョブコーチの支援開始にあたり、障害者職業カウンセラーが支援計画を作成します。

ジョブコーチの3つのタイプ

配置型

地域障害者職業センターに所属するジョブコーチが、企業を訪問して障害者の支援を行う。

企業在籍型

障害者を雇用する企業の従業員が、ジョブコーチ養成研修を受けて、自社で雇用する障害者の支援を行う。

訪問型

就労支援を行っている社会福祉法人などに所属するジョブコーチが、企業を訪問して障害者の支援を行う。

ジョブコーチによる支援の仕組みと支援の流れ

事業主（管理監督者・人事担当者）／上司・同僚

- 障害特性に配慮した雇用管理に関する支援
- 配置、職務内容の設定に関する支援
- 障害の理解に関する社内啓発
- 障害者との関わり方に関する助言
- 指導方法に関する助言

職場適応援助者（ジョブコーチ）

障害者／家族

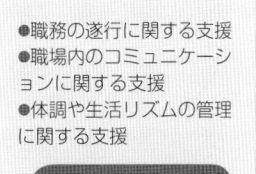

- 職務の遂行に関する支援
- 職場内のコミュニケーションに関する支援
- 体調や生活リズムの管理に関する支援
- 安定した職業生活を送るための家族の関わり方に関する助言

集中支援／週3～4日訪問
職場適応上の課題を分析し、集中的に改善を図る

移行支援／週1～2日訪問
支援ノウハウの伝授やキーパーソンの育成により、支援の主体を徐々に職場に移行

数週間～数カ月に一度訪問

支援期間1～8カ月（標準2～4カ月）｜フォローアップ

※厚生労働省 HP「職場適応援助者(ジョブコーチ)支援事業について」を参考に作成

働きやすい環境が整った特例子会社も広がりつつある

障害者雇用促進のために

障害がある人を雇用することを目的としてつくられた会社があります。これを特例子会社といいます。

70ページにあるように、一定規模の企業には障害者の雇用が義務付けられています。しかし、環境を整えようとすると資金的にも人材的にも負担が大きくなってしまいます。これでは障害者雇用が進みません。そこで、障害者の雇用の促進や安定を図るため、事業主が障害者の雇用に特別の配慮をした子会社を設立し、一定の要件を満たす場合には、特例としてその子会社に雇用されている障害者を親会社に雇用されているものとみなして、実雇用率を親会社やグループ全体の障害者雇用数に算定できることとしました。

精神的に安定した就労が可能に

このような特例子会社であれば、施設面でも設備面でも配慮されており、一般企業の障害者枠での採用と比較しても職場環境が整っています。仕事もわかりやすいように説明され、サポートする従業員もそれぞれの障害を理解して、適性を考えながらアドバイスをしてくれます。仕事に慣れて無理なくできるようであれば、その仕事からほかの仕事に変わることは少なく、精神的にも安定して働くことができます。

勤務制度を柔軟にしている点も働きやすさにつながっています。

特例子会社は2022年6月時点で、全国に579社あります。

特例子会社の仕組み

親会社 → 特例子会社

・意思決定機関の支配
・役員派遣など

特例子会社を親会社に合算して
実雇用率を算定できる

※意思決定機関とは、子会社の議決権の過半数を有することなどをいう。

特例子会社で働くメリット

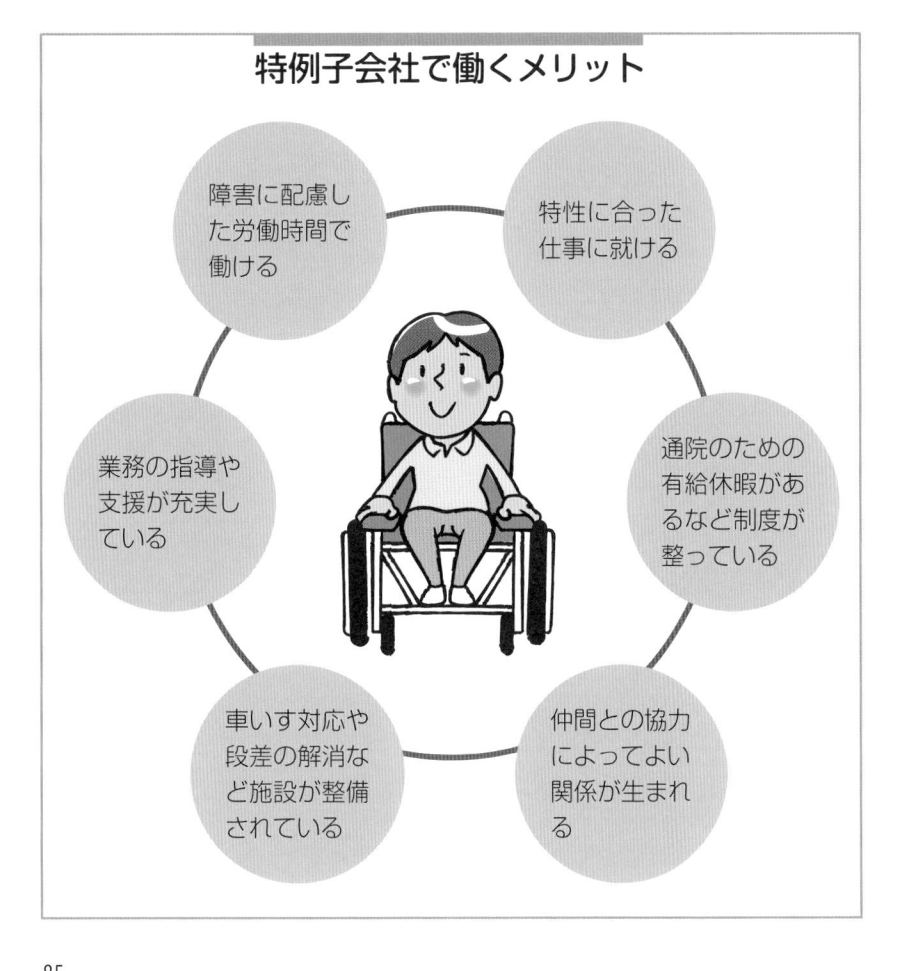

- 障害に配慮した労働時間で働ける
- 特性に合った仕事に就ける
- 業務の指導や支援が充実している
- 通院のための有給休暇があるなど制度が整っている
- 車いす対応や段差の解消など施設が整備されている
- 仲間との協力によってよい関係が生まれる

手当をもらいながら職場で訓練する「職場適応訓練」

訓練後に就労を目指す

身体障害者、知的障害者、精神障害者が実際に職場で仕事に慣れるために「職場適応訓練」が行われることがあります。

この訓練には2種類があります。ひとつは、ハローワークに求人の申し込みをしていない一般の企業で実際に行われている仕事を体験することで、その職場への適応を容易にし、訓練が終わった後に雇用されることを目指す制度で、「一般職場適応訓練」といいます。

対象になる障害者はハローワークに求職登録し、ハローワークから受講の指示を受けた人です。訓練期間は6カ月以内で、重度障害者の場合は1年以内です。仕事の内容は事業所によって異なり、食品加工や清掃などさまざまです。

訓練を受けている間は訓練生として、訓練手当日額3900円程度の基本手当のほか受講手当、通所手当(交通費)、寄宿手当が支給されます。これらの金額は住んでいる地域によって異なります。

仕事や職場への適応を目指す

もうひとつの職場適応訓練は、ハローワークに求人の申し込みをしている企業で、雇用される予定の障害者が事前に担当する仕事を経験することで、自信をつけて仕事や職場環境に適応できることを目的とした「短期職場適応訓練」です。

訓練期間は2週間以内、重度障害者の場合は訓練期間が長くて原則4週間以内となっています。

在宅で仕事をしたい障害者を支援するための団体もある

在宅就業支援団体が仕事や悩みをサポート

障害者が自宅などでも仕事ができる機会を増やすために、国は「在宅就業障害者支援制度」という制度を設けています。

在宅就業支援団体は障害者への仕事の提供だけでなく、仕事に不安がある人の相談にのったり、必要があれば技能の習得のための訓練施設などの紹介をしたりしています。

また、企業に対しては受注した仕事の納期や品質を保証する役割を担います。

在宅就業支援団体によって異なりますが、ホームページ制作、データ入力、画像処理などのパソコンやITを活用した仕事が中心です。

在宅就業支援の仕組み

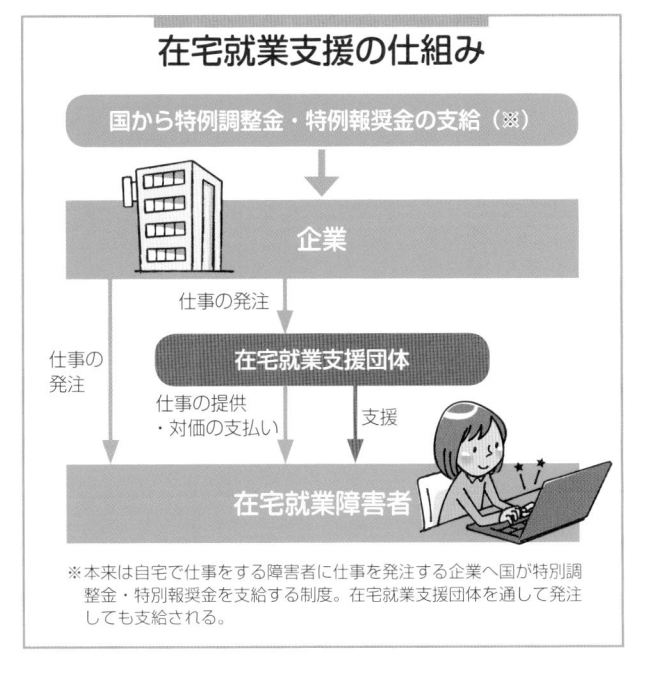

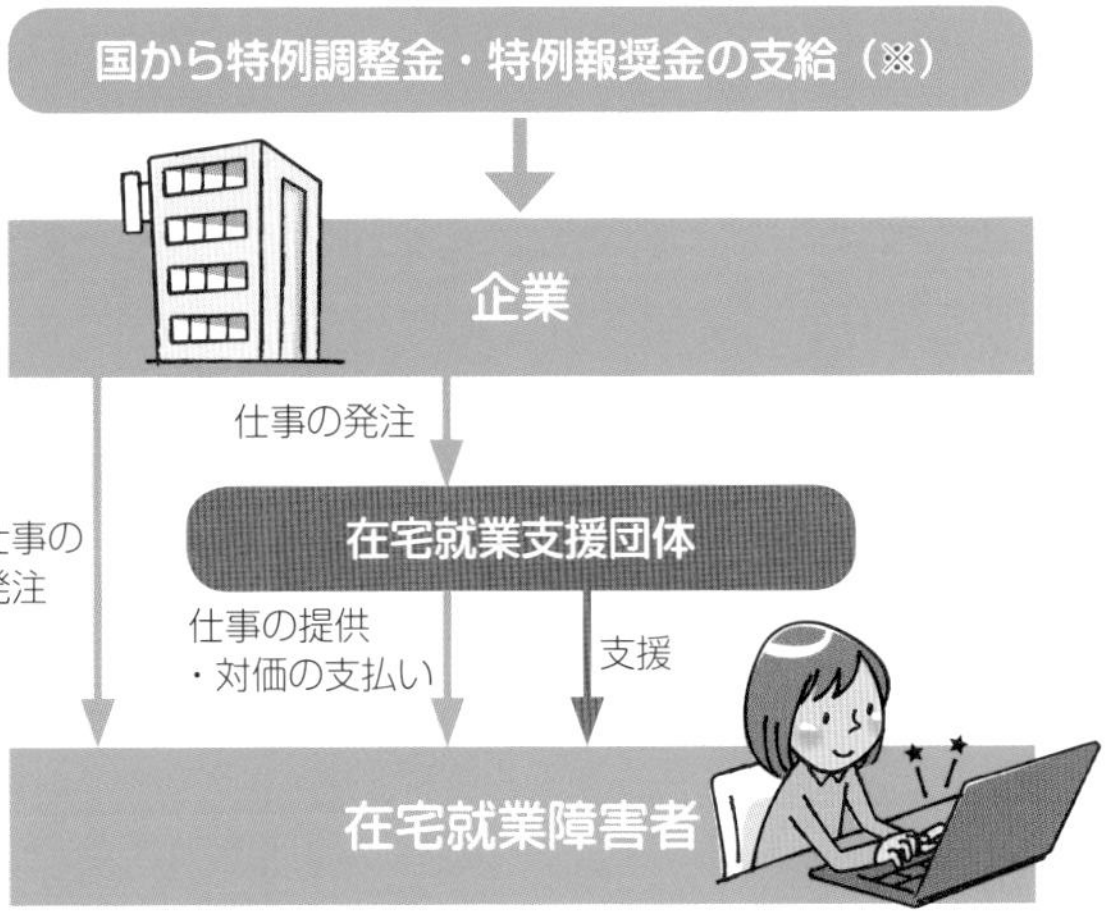
国から特例調整金・特例報奨金の支給（※）
企業
仕事の発注
在宅就業支援団体
仕事の発注
仕事の提供
・対価の支払い
支援
在宅就業障害者

※本来は自宅で仕事をする障害者に仕事を発注する企業へ国が特別調整金・特別報奨金を支給する制度。在宅就業支援団体を通して発注しても支給される。

ハローワークの求職者を対象にしたハロートレーニングで障害者も職業訓練を

ハロートレーニングの流れ

ハローワークで求職申し込み・職業相談
今後の仕事の内容や就職活動について相談

▼

訓練受講の申し込み
受講するコースが決定したら申し込み

▼

選考試験（面接・筆記試験）→合格発表→入校
訓練コースによっては選考試験がある

▼

職業訓練
3カ月から1年程度の訓練

▼

就職支援

※リハビリテーションセンター、職業能力開発校によって手続きは異なる。

受講料は無料

障害のある人に対しては、それぞれの状況に配慮した職業訓練が用意されています。

「ハロートレーニング」は「公共職業訓練」ともいわれる職業訓練で、離職者向け、在職者向け、学卒者向け、障害者向けの4分野があります。

障害者向け訓練の対象となる人はハローワークで求職する人ですから、受講に関する手続きはハローワークで行います。講習の期間はおおむね3カ月から1年間。受講料は一部のテキスト代を除いて、基本的に無料です。実施機関は、障害者職業能力開発校や一般の職業能力開発学校、企業や社会福祉法人などを活用した委託訓練実施機関で行っています。

ハロートレーニングを実施する能力開発校など

国立職業リハビリテーションセンター

訓練期間:原則１年

訓練コース:機械製図科、電子機器科、テクニカルオペレーション科、建築設計科、DTP・Web技術科、OAシステム科、経理事務科、OA事務科、職域開発科、職業実務科

国立吉備高原職業リハビリテーションセンター

訓練期間:原則１～２年

訓練コース:機械製図科、電子機器科、システム設計科、経理事務科、OA事務科、職業実務科、職域開発科

障害者職業能力開発校（国が設置、都道府県が運営）

訓練期間:数カ月から2年（各校・コースによって異なる）

訓練コース:就業支援科、職域開発科、調理・清掃サービス科、オフィスワーク科、ビジネスアプリ開発科、ビジネス総合事務科、グラフィックDTP科、ものづくり技術科、建築CAD科、製パン科、実務作業科、OA実務科（東京障害者職業能力開発校の例）

障害者職業能力開発校（府県が設置・運営）

訓練期間:数カ月～１年（各校・コースによって異なる）

訓練コース:デジタルデザイン科、OA事務科、作業実務科（青森県立障害者職業訓練校の例）

障害者対象訓練科のある一般の職業能力開発校

訓練期間:６カ月～１年

訓練科:販売実務、職域開発、介護アシスト、サービス実務、総合実務など

委託訓練

訓練期間:原則3カ月以内

障害のある人の住む身近な地域で企業、社会福祉法人、NPO法人、民間教育訓練機関などに委託して実施する障害者職業訓練

ケーススタディ

自信をもって働いています

知的障害のある
Dさん
（21歳）

中学の特別支援学級に通学していたときのDさんは自分に自信がなく、欠席が多い子どもでした。知的障害があるため、自分はダメだと思っていたようです。

中学卒業後は特別支援学校高等部に進学し、仲間といっしょに就職に向けて作業学習に励みました。

Dさんは在学中には職場実習で企業に出向いて働く経験を積みました。年に2回、2週間くらいの期間、通勤して実際に働いて適性を判断。2年生のときに実習した企業（製造業）からは「Dさんは本当に真面目にがんばってくれる。挨拶も大きな声でするし、周りの社員にすごくいい影響を与えてくれるんだよ。会社にとっていいことばかりだからぜひうちで働いてほしい」という言葉をいただき、卒業後はその会社に就職しました。

卒業してからも障害者就業・生活支援センターと学校が連絡を取り合い、Dさんを定期的にサポートしています。3年経った今もDさんは無欠勤でがんばっており、会社からも信頼されています。

就職後のDさんへのサポート

1年目　3カ月に1度、特別支援学校の教師と障害者就業・生活支援センターの職員がいっしょに訪問して様子を確認。会社での様子は家族にも連絡。

↓

2年目以降　障害者就業・生活支援センターの職員が年に2～3回の訪問を継続。仕事の様子を見学し、本人の話や企業の話を聞いて心配事がないか把握。

ケーススタディ

本音はなかなかいい出せない

知的障害のある
Eさん
（20歳）

特別支援学校を卒業し、就職して半年したころ、Eさんが悩みがあると相談にきました。

「仕事を辞めたいです。自分は掃除が好きではありません。実は実習中からここでは働きたくないと思っていました。先生にはわかってほしかったけどいえませんでした。親もうれしそうだったのでいえませんでした。すみません」。

▼

進路選択の際、ときとして学校は「この子にはこの仕事が向いている、この仕事なら長く続けられるだろう」など、「こうしたほうがいいだろう」という思いが先行して、本人の悩みや葛藤（かっとう）に気付かないことがあります。そして親は「大きい会社だから安心、実習がうまくいったから大丈夫」などと考えます。こういうケースは少なくありません。

就労に限らずいえることですが、本人の心にしっかりと寄り添うことが大切です。たとえば、仕事内容、勤務時間、いっしょに働く人たちとの相性、職場の理解、通勤時間、通勤方法、給料、休日などさまざまな条件のなかで本人が少しでも不安や不満を感じていないか理解したうえで進めます。

この後Eさんは退職し、就職活動を一からやり直しました。ハローワークに行き、会社の見学もし、実習を2週間行ったうえで面接を受けて合格。自分のやりたかった製造の会社に転職して元気に働いています。

ケーススタディ

就労移行支援で自分の特性を理解

精神障害と
発達障害のある
Fさん
（30歳代）

Fさんは過去4社に就職したものの、いずれも1年以内に退社し、定着できませんでした。理解力や作業能力は高く、真面目で作業スピードも早い反面、周囲とのコミュニケーションをとることが苦手です。

Fさんは現状のままでは就職が難しいことから、自分の課題を見直すために、就労移行支援を受けることにしました。

就労移行支援事業所で対人技能訓練や職業訓練を受けるうちに、Fさんは思い込みやこだわりが強く、作業の優先順位が決められないために予定外のことでパニックを起こしてしまうことがわかりました。これが退社の原因となっていたのです。

Fさんは訓練によって自身の障害特性を受容し、1年後には自身の適性に合った冷凍食品の荷受けや検品などを行う仕事に就くことができました。ここではFさんの作業の正確性を活かすことができています。また、仕事の優先順位の理解と対人関係が苦手であることを、本人と会社の双方が共有したことで、1日6時間の勤務をこなし、すでに5年が過ぎています。

冷凍餃子

パート3 生活を支える主なサービスと利用法

※ 支援法 は「障害者総合支援法」で規定されたサービスを示しています。これらについては全国どこでも同じサービスを受けることができます。それら以外のサービスは、市区町村によりサービスの内容や運用などが異なります。

障害のある人の生活を支えるサービスのベースとなる「障害者総合支援法」

障害者を総合的に支援する

障害のある子どもも大人も、そして難病の人も個人として尊重され、障害の有無にかかわらず人格と個性を尊重しあいながら共生することなどを目的とする法律に「障害者の日常生活及び社会生活を総合的に支援するための法律（障害者総合支援法）」があります。この法律にはさまざまな福祉サービスが規定されており、これらを組み合わせて自分に合った支援を受けることができます。

具体的なサービスとしては、食事、排泄、入浴といった日常生活への支援から、学校や病院に行くときの支援、仕事をするに当たっての訓練、自立した暮らしのための訓練など広範囲にわたっています。

自立支援給付と地域生活支援事業がある

障害者総合支援法に基づいて支給されるサービスは、大きく「自立支援給付」と「地域生活支援事業」に分けられます。自立支援給付は国がサービスや運用ルールを決めています。しばしば「障害福祉サービス」という言葉が使われますが、これは自立支援給付のうちの「介護給付」と「訓練等給付」を指します。障害福祉サービスは、それぞれの障害の程度などを考慮してサービスを組み合わせて利用することができ、利用者は原則として利用料の1割を負担します。

地域生活支援事業の実施主体は都道府県・市区町村で、その内容や運用ルールは地域の特性や利用者の状況に応じて実施されており、地域によって異なります。

障害者総合支援法の仕組み

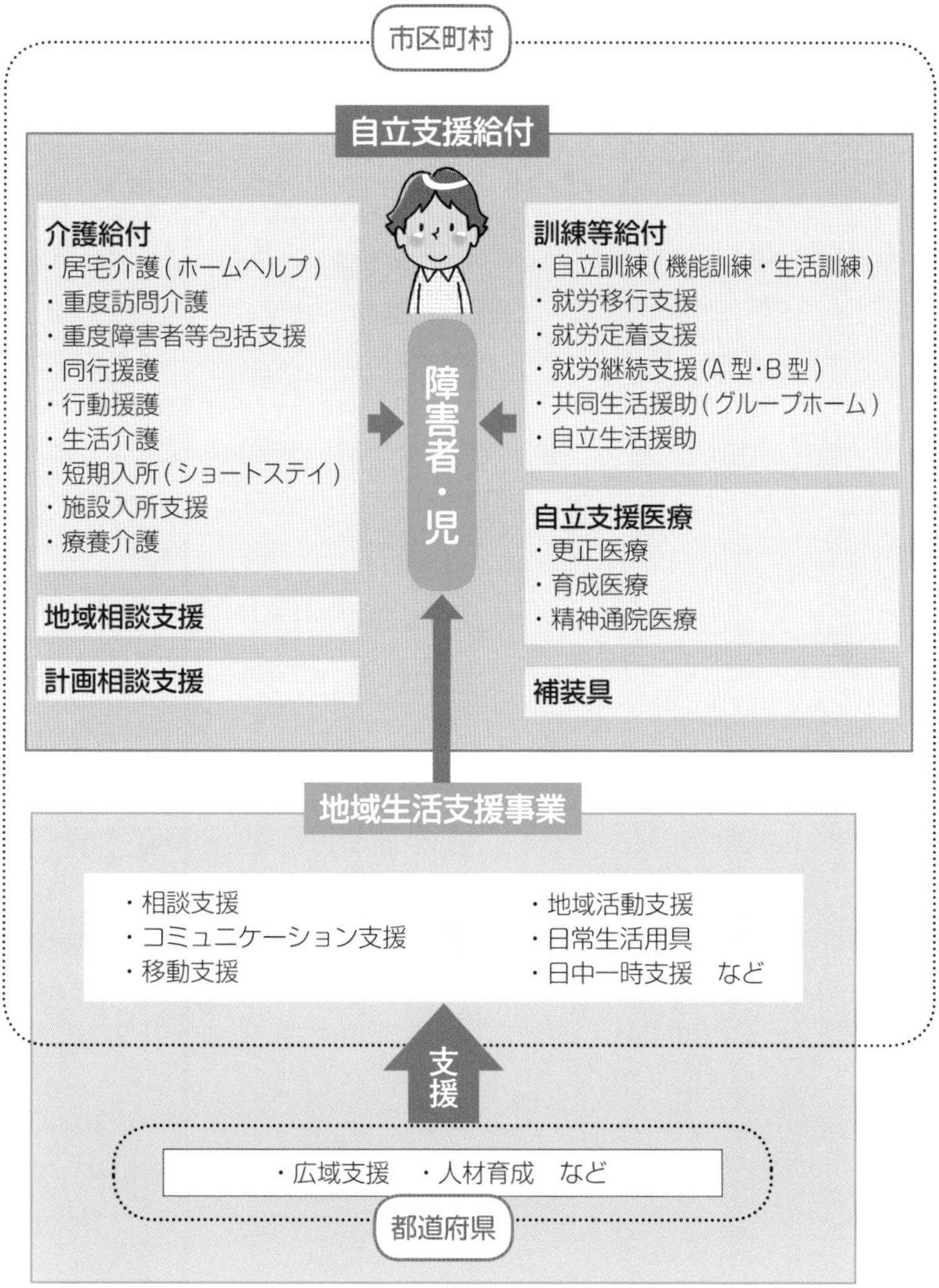
市区町村
自立支援給付
介護給付
・居宅介護（ホームヘルプ）
・重度訪問介護
・重度障害者等包括支援
・同行援護
・行動援護
・生活介護
・短期入所（ショートステイ）
・施設入所支援
・療養介護
地域相談支援
計画相談支援
障害者・児
訓練等給付
・自立訓練（機能訓練・生活訓練）
・就労移行支援
・就労定着支援
・就労継続支援（A型・B型）
・共同生活援助（グループホーム）
・自立生活援助
自立支援医療
・更正医療
・育成医療
・精神通院医療
補装具
地域生活支援事業
・相談支援
・コミュニケーション支援
・移動支援
・地域活動支援
・日常生活用具
・日中一時支援　など
支援
・広域支援　・人材育成　など
都道府県

障害児の場合は、上記サービスの一部のほかに以下の児童福祉法のサービスを受けることができる。

●障害児入所支援（福祉型障害児入所施設、医療型障害児入所施設）

●障害児通所支援（児童発達支援、医療型児童発達支援、放課後等デイサービス、居宅訪問型児童発達支援、保育所等訪問支援）

●障害者相談支援

「障害者総合支援法」の対象になるのは3つの障害のいずれかに当てはまる人や難病の人

障害者総合支援法の対象になる人とは

「障害者総合支援法」の対象となるのは、身体に障害のある人（身体障害者手帳の交付を受けている）、知的障害のある人、身体障害または知的障害のある児童、精神障害（発達障害を含む）のある人、難病患者等で一定の障害のある人です。２０１０年の法律改正で、発達障害の人も障害者総合支援法における障害者という位置付けになりました。

難病のある子も対象に

障害者総合支援法が整備される前は、難病のある人は障害福祉サービスを受けることができませんでした。「制度の谷間」と呼ばれ、治療方法が確立されていない指定難病のある子をかかえた親は、ときにつきっきりの介護をしなくてはならないこともありました。しかし、２０１３年から障害者の定義に難病も加えられ、一定の障害がある人も対象となりました。

障害者総合支援法では、２０２０年7月時点で361の指定難病が支援の対象になっています。対象難病の人は障害者手帳をもっていなくても、必要と判断されればさまざまなサービスが受けられます。手続きの際には、医師に診断書を発行してもらい、市区町村の担当窓口に提出します。対象の疾病はたびたび更新され、疾病が新しく追加されたり、対象外になったりすることもありますから注意が必要です。

最新の情報については、厚生労働省のホームページや担当医に確認しましょう。

障害者総合支援法の対象になる人

身体障害者

身体上の障害（視覚障害、聴覚または平衡感覚の障害、音声機能、言語機能、咀嚼機能の障害、肢体不自由、内部障害）がある18歳以上の人で、身体障害者手帳の交付を受けている人（身体障害者福祉法）。

知的障害者

知的機能の障害がおおむね18歳までにあらわれ、日常生活に支障が生じているため、なんらかの特別の援助を必要とする状態にある人。

精神障害者

統合失調症、精神作用物質による急性中毒またはその依存症、知的障害、精神病質その他の精神疾患がある18歳以上の人（精神保健及び精神障害者福祉に関する法律）。

発達障害者

自閉症、アスペルガー症候群を含む広汎性発達障害、学習障害、注意欠陥多動性障害、その他これに類する脳機能の障害がある18歳以上の人で、日常生活または社会生活で制限を受ける人（発達障害者支援法）。

難病患者

治療方法が確立しておらず、長期の療養を必要とし、診断に関して客観的な指標による一定の基準が定まっている疾病がある18歳以上の人。

障害児

身体障害、知的障害、発達障害を含む精神障害、特定の難病のある18歳未満の人（児童福祉法）。

障害福祉サービスの利用の手順を確認しておこう

まずは相談をして認定調査にのぞむ

障害福祉サービスを受けるには、市区町村に申請をしなければなりません。法改正で提供されるサービスが変わったり、障害のある子の成長に伴って、必要なサービスも変わったりするので、相談窓口に出向いて直接相談してみましょう。

市区町村の多くが、障害者福祉センター、福祉課、相談支援センターといった相談窓口を設けています。申請には手間と時間がかかるので、早めに相談することをおすすめします。

相談支援を受けてよりよいサービスを

どんなサービスが必要かがわからない場合は、相談支援事業者からアドバイスをもらうことができます。また、相談支援事業者に申請手続きを依頼することもできます。

役所の窓口に本人が行けないときには、保護者や代理人が行ってもかまいません。その場合には、必要な支援を確実に伝えるために、あらかじめメモを用意しておきましょう。相談窓口では、障害のある人や子どものふだんの生活、仕事をしているのか、活動はどの程度できるか、本人はどんなことを希望しているのかなどを伝えます。自宅で過ごしたいのか、施設で暮らしたいのか、ひとり暮らしをしたいのかなども重要です。

すでに受けているサービスがあれば、利用状況も確認しておきます。

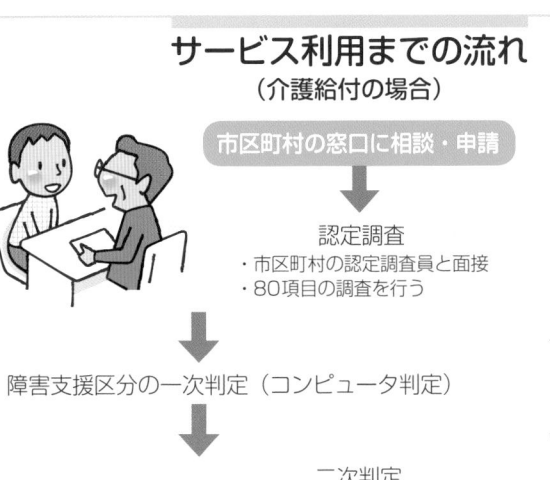

サービス利用までの流れ
（介護給付の場合）

市区町村の窓口に相談・申請

↓

認定調査
・市区町村の認定調査員と面接
・80項目の調査を行う

↓ 障害支援区分の一次判定（コンピュータ判定）

↓ 主治医の意見書

↓

二次判定
障害支援区分の認定
・障害支援区分は１～６の６段階で判定される

↓

障害程度区分の認定・結果通知

↓

サービス等利用計画・障害児支援利用計画の作成

↓

サービス提供事業者との契約・サービス利用

※訓練等給付や同行援護、障害児通所支援などの利用を希望する場合は、手続きの流れが異なる。詳しくは市区町村の窓口に問い合わせを。

知っておきたいこんな制度

相談支援事業者には２種類ある

相談支援事業者を行う事業者には、指定特定相談支援事業者(指定障害児相談支援事業者)と指定一般相談支援事業者があり、その事業内容は異なります。障害福祉サービスなどの利用計画の作成や、支給決定後のサービス利用などの連絡調整は指定特定相談支援事業者が行います。一方、入所施設に入所している障害者が地域での生活に移るときや、単身で生活する障害者の緊急対応についての相談などは指定一般相談支援事業者が行います。

適切なサービスの組み合わせを検討する「サービス等利用計画」をつくる

計画案は本人の希望に沿って作成

障害福祉サービスの支給が決定する前に、申請者は市区町村の窓口に、「サービス等利用計画」を提出します。これは、申請者が指定特定相談支援事業者と契約して作成を依頼するものですが、利用者が費用を負担する必要はありません。

サービス等利用計画は、障害者が置かれている環境や、本人の希望と支援の目標、その目標を達成するためにどんな種類のサービスがどのくらい必要かなどの観点から作成してもらいます。障害児が通所支援を申請した場合には、指定障害児相談支援事業者がサービス等利用計画に相当する「障害児支援利用計画」（障害児相談支援）を作成します。

障害支援区分の判定

障害の多様な特性、その他の心身の状態に応じて必要とされる標準的な支援の度合いを総合的に示す。

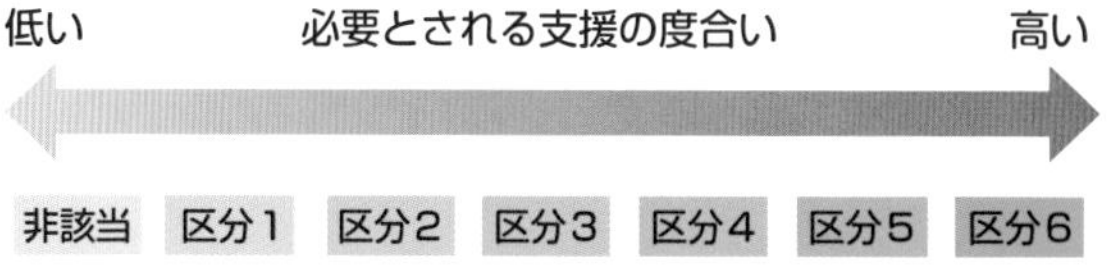

低い
必要とされる支援の度合い
高い
非該当
区分1
区分2
区分3
区分4
区分5
区分6

サービス等利用計画作成の対象となる人

- 障害福祉サービスまたは地域相談支援を利用するすべての障害者
- 障害福祉サービスを利用するすべての障害児

障害支援区分による利用できる介護給付サービス

介護給付サービスを受けるには、表のような障害支援区分であることやその他の要件が必要となる場合がある。

○が利用できる障害支援区分

サービス名	非該当	区分1	区分2	区分3	区分4	区分5	区分6
居宅介護（ホームヘルプ）	×	○	○	○	○	○	○
重度訪問介護	×	×	×	×	○	○	○
同行援護	○	○	○	○	○	○	○
行動援護	×	×	×	○	○	○	○
重度障害者等包括支援	×	×	×	×	×	×	○
短期入所（ショートステイ）	×	○	○	○	○	○	○
療養介護	×	×	×	×	×	※1	○
生活介護（デイサービス）	×	×	※2	○	○	○	○
施設入所支援	×	×	×	※3	○	○	○

※1　筋ジストロフィー患者、重症心身障害者は区分5でも利用可能。
※2　50歳以上は、区分2でも利用可能。
※3　50歳以上は、区分3でも利用可能。

サービス等利用計画は、一度提出したらおしまい、ということではなく、一定期間ごとに作成し提出します。

障害は6つに区分される

障害支援区分は、必要とされる支援の度合が低い区分1から高い区分6まで6段階あります。この認定を行うためには、詳細な調査が行われます。これは、障害者一人ひとりの状態を公平に確認し、本当にサービスが必要かどうかを認定するためです。

市区町村の担当職員は、障害者の家庭を訪問し、障害の重さや支援の必要性をはかるために、80項目の聴き取り調査を行います。内容は、ひとりで立ち上がれるか、ひとりで服が着られるか、といった動作の確認のほか、自分で薬を管理できるか、文章の読み書きができるかといった項目もあります。

主治医の意見書も提出しなければなりません。意見書では、身体の症状、生活を送るうえでの不自由度、コミュニケーションができるかなどを記入します。

次ページから各種サービスなどをみていきます。

【在宅生活の支援】

居宅介護（ホームヘルプ）

支援法

ホームヘルパーが障害児・者の自宅を訪問して、入浴、排泄、食事などの介護、調理、洗濯や掃除などの家事のほか、生活に関する相談や助言など、生活全般にわたり支援するサービスです。ヘルパーの助けを借りて自立した生活を送るため、利用者本人のために使われます。

対象となる人

- 障害支援区分が1以上（児童では、これに相当する支援の度合い）の人
- 通院介助（身体介護を伴う場合）が必要な場合は、障害支援区分2以上であるほか、一定の条件に当てはまる人

重度訪問介護

支援法

重度の肢体（したい）不自由、または重度の知的障害や精神障害により、常に介護を必要とする人への支援です。ホームヘルパーが自宅へ訪問して、入浴、排泄、食事などの介護、調理、洗濯や掃除などの家事、生活に関する相談や助言、その他の生活全般にわたる援助を行います。また、外出時における移動中の介護などを総合的に行います。

対象となる人

- 障害支援区分が4以上で、一定の条件に当てはまる人

短期入所（ショートステイ）

支援法

自宅で介護を行う人が病気・事故・出産などにより、障害児・者の介護ができないときに、障害児・者は障害者支援施設、児童福祉施設等へ短期間、入所することができます。施設では、入浴、排泄、食事の介護やその他の必要な支援を受けられます。このサービスは、介護者にとってのレスパイトサービス（休息）としての役割も担っています。

短期入所には福祉型と医療型の2種類があり、福祉型は比較的症状が安定しており、医療的管理を必要としない人が利用できるサービスです。障害者支援施設において実施されます。

医療型は医療的管理が必要とされる人が利用できるサービスです。病院、診療所、介護老人保健施設において実施されます。

対象となる人

《福祉型》

- 障害支援区分が区分1以上である人
- 障害児の障害の度合に応じて厚生労働大臣が定める区分における区分1以上に該当する児童

《医療型》

- 遷延性意識障害児・者、筋萎縮性側索硬化症（きんいしゅくせいそくさくこうかしょう）などの運動ニューロン疾患の分類に属する疾患を有する人および重症心身障害児・者など

生活介護

支援法

障害者支援施設などで、つねに介護を必要とする人に、主に昼間において行われる支援です。入浴、排泄、食事などの介護、調理、洗濯、掃除などの家事や、生活などに関する相談や助言、日常生活上の支援が受けられます。また、手芸などの創作的活動や生産活動の機会も提供されます。身体機能や生活能力の向上のための支援も受けられ、自立の促進や生活の改善、身体機能の維持向上、社会参加ができるようにします。

対象となる人

- 障害支援区分3以上(施設入所支援を併用する場合は区分4以上)の人
- 50歳以上の人の場合は、障害支援区分2以上(施設入所支援を併用する場合は区分3以上)の人

自立生活援助

支援法

ひとり暮らしをする知的障害者や精神障害者に対し、定期的な巡回訪問や随時の対応により、必要な情報の提供や助言、関係機関との連絡調整などの支援を行います。

対象となる人

- 障害者支援施設やグループホーム、精神科病院などから地域でのひとり暮らしに移行した人で、理解力や生活力などに不安がある人
- 単身であるために支援が必要な人
- 同居家族が障害や病気などのため家族による支援が見込めない人

ピンポーン

重度障害者等包括支援

支援法

常に介護を必要とする障害のある人で、意思疎通を図ることに支障がある人のうち、四肢の麻痺や寝たきりの状態にある人、知的障害や精神障害により行動上困難のある人に向け、居宅介護、重度訪問介護、同行援護、行動援護などの支援が包括的に提供されます。重度の障害があっても安心して生活が続けられるよう支援が受けられます。介護保険の被保険者は介護保険が優先されます。

対象となる人

●障害支援区分が区分6（障害児の場合は、区分6に相当する支援の度合い）に該当して意思疎通が非常にむずかしく、人工呼吸器による呼吸管理が必要な人、最重度知的障害の人など一定の条件に当てはまる人

療養介護

支援法

主に昼間、病院で行われる機能訓練（レクリエーションも含む）、療養上の管理、看護、食事、入浴、排泄などの介助、日常生活上の相談などの支援が受けられます。療養介護のうち、医療に関わるものについては療養介護医療（医療保険適用）として提供されます。

対象となる人

●長期入院による医療的ケアに加え、つねに介護を必要とする次のような人

◎筋萎縮性側索硬化症で気管切開を伴う人工呼吸による呼吸管理を行っている人で、障害支援区分6の人

◎筋ジストロフィー患者または重症心身障害者で、障害支援区分5以上の人

図書館のサービス

公立の図書館の図書や雑誌を自宅に配送してくれたり、視覚に障害がある人に図書館で対面で朗読してくれたりなど、さまざまなサービスを各自治体で行っています。

事前に利用登録が必要な場合があります。

緊急一時保護

介護している人の病気や事故、冠婚葬祭などの理由で、一時的に介護を受けられなくなった障害児・者への支援です。支援の内容や利用条件、日数などは、自治体によって異なります。

神奈川県横浜市の場合は、病院への入所や介護人の派遣を利用できます。対象となるのは、在宅の重度重複障害児・者、重度身体障害児・者、重度知的障害児・者で、利用者負担があります。

手話通訳者の派遣

聴覚障害のある人が買い物や通院などの日常生活や社会生活で手話通訳が必要な場合に、手話通訳者を派遣してくれたり、要約筆記者を派遣してくれたりします。

神奈川県横浜市の場合は、聴覚および音声・言語機能の障害により身体障害者手帳をもっている人を対象にしています。利用料はかかりません。

ありがとう

訪問理美容サービス

寝たきりで美容院などに行けない人の自宅に理容師・美容師が訪問し、カットなどをするサービスを提供している自治体もあります。

東京都足立区の場合、15歳以上65歳未満の人で、東京都重度心身障害者手当、または特別障害者手当を受けている人のうち、つねに寝たきり状態のために店舗で理髪・美容が受けられない人を対象にしています。1年に3回、1回500円が自己負担です。

寝具の乾燥・水洗いサービス

寝具の乾燥消毒・水洗いをするサービスを提供する自治体もあります。東京都世田谷区の場合、身体障害者手帳1級・2級、療育手帳（愛の手帳）1度・2度の人で、身体的な条件や住宅環境などのために寝具を乾燥させるのがむずかしい人を対象に行っています（枚数や回数の制限あり）。

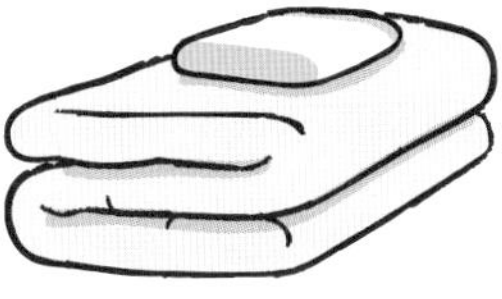

紙おむつの支給

重度の心身障害があってつねにおむつが必要な人に、紙おむつを支給している自治体があります。

東京都世田谷区の場合、3歳以上65歳未満の身体障害者手帳1級・2級、療育手帳（愛の手帳）1度・2度、脳性まひ、進行性筋萎縮症の人（施設入所者を除く）に対して、月50点を上限に支給されます。病院に入院している人は、おむつ代の一部助成を選ぶこともできます。

日常生活用具の給付

市区町村が行う地域生活支援事業（95ページ）のうち、必須の事業とされているサービスのひとつです。

自宅で暮らす重度の身体障害・知的障害・精神障害のある人や難病の人が、日常生活を円滑に過ごすために必要な用具が給付または貸与されます。用具ごとに決められた種別の障害者手帳をもっていないと給付は受けられません。

受給前には申請が必要で、申請前に購入してしまうと対象になりません。事前に福祉担当窓口に相談しましょう。

給付の決定は市区町村が行います。対象となる障害の程度や年齢、利用者負担などは自治体によって異なります。なお、介護保険の対象になる人は介護保険から給付を受けます。

日常生活用具の主な種目と対象となる障害

（東京都世田谷区の場合）

種目	対象となる障害
ポータブル温水洗浄便座	肢体不自由
特殊寝台	肢体不自由、難病
特殊マット	肢体不自由、知的障害、難病
特殊便器	肢体不自由、知的障害、難病
点字タイプライター	視覚障害
電磁調理器	視覚障害、知的障害
点字器	視覚障害
自動消火器	肢体不自由、視覚障害、呼吸器機能障害、知的障害、難病
パーソナルコンピュータ	音声機能・言語機能または咀嚼（そしゃく）機能の障害等、肢体不自由
ガス安全システム	肢体不自由

※難病とは、障害者総合支援法の対象となる難病を指す。

補装具費の支給

支援法

日常生活や就労を容易にするために、身体機能を補完・代替する用具の購入や修理のための費用が支給されます。介護保険対象の人は、介護保険から給付を受けます。

実施主体は市区町村です。希望する場合は、事前に福祉担当窓口などに問い合わせるといいでしょう。原則1割の自己負担で利用でき、月額上限負担額が決まっています（129ページ）。身体障害者手帳の障害の種別によって購入などができる補装具の種類は異なります。

対象となる人

●身体障害者手帳をもっている人と難病の人

補装具の種目

種目	対象となる障害
盲人安全つえ、義眼、眼鏡　など 	視覚障害
補聴器 	聴覚障害
義手、義足、装具、車いす、電動車いす、歩行器、歩行補助つえ、座位保持装置、重度障害者意思伝達装置　など 	肢体不自由
座位保持いす、起立保持具、排便補助具、頭部保持具　など 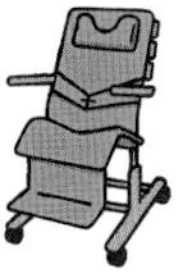	肢体不自由（18歳未満のみ）

区営住宅申し込みの優遇など

東京都の場合、申し込み者本人または同居の親族が心身障害者の場合、都営住宅の当選確率が一般より優遇される制度があります。

同様の制度は各自治体で設けられています。

また、身体障害か知的障害のある人がいる世帯が新築のUR賃貸住宅に申し込む際、抽選の当選率が一般の人に比べおよそ20倍に優遇される制度もあります。

当選

住宅設備の改善費の助成

市区町村が行う地域生活支援事業のうちの必須事業「日常生活用具の給付」で規定されている制度です。障害のある人が住みやすくなるよう風呂やトイレを改善する場合に、費用の一部を助成してくれます。

たとえば、神奈川県横浜市の場合、65歳未満で身体障害者手帳1級・2級の人、知能指数が35以下の人、身体障害者手帳3級でかつ知能指数が50以下の人を対象に、住宅改造費として120万円を限度として助成されます。

ただし、生計の中心者の市民税額が一定額を超えると全額が自己負担になります。

【外出の支援】

鉄道運賃の割引

身体障害や知的障害のある人やその介護者がＪＲ線を利用する場合、運賃や普通急行料金が割引になります。

障害者手帳の「旅客鉄道株式会社旅客運賃減額欄」の第1種または第2種の記載によって割引の確認を行うため、乗車の際には必ず身体障害者手帳または療育手帳が必要になります。割引となる普通乗車券は片道100キロメートルを超える場合で、第1種は本人と介護者が割引になり（介護者がいる場合は、片道100キロメートル以内であっても割引あり）、第2種は本人のみ割引になります。

なお、私鉄や都営交通などでもほぼ同率の割引制度があります。また、障害者用ＩＣカードの利用もできます。

JR 東日本の障害者割引制度

（2021年2月現在）

対象	割引対象乗車券類	割引率	備考
第１種障害者とその介護者	普通乗車券 回数乗車券 普通急行券	50%	私鉄等他鉄道会社線とまたがる場合を含む。ただし回数乗車券は JR 線区間単独の発売となる。
第１種障害者とその介護者または 12 歳未満の障害者とその介護者	定期乗車券 （小児定期乗車券を除く）	50%	私鉄等他鉄道会社線とまたがる場合を含む。小児定期旅客運賃については割引を適用しない。
第１種、第２種障害者が単独で利用する場合	普通乗車券	50%	片道の営業キロが 100 キロを超える場合（私鉄線等他鉄道会社線にまたがる場合を含む）。

※詳細については各鉄道株式会社に問い合わせを。

有料道路通行料金の割引

身体障害者が自ら運転する場合、または重度の身体障害者もしくは重度の知的障害者（いずれも障害者手帳をもっていること）が同乗し、障害者本人以外が運転する場合に、通行料金が車1台に対して通常料金の50％が割引となります。

利用に当たっては、事前に市区町村の福祉担当窓口で登録が必要です。割引を受けられる自動車は、登録された車1台に限られます。

国内航空運賃の割引

航空会社によっては、身体障害者手帳、療育手帳、精神障害者保健福祉手帳をもっている人に対し、割引運賃が適用されます。介護者ひとりが割引されることもあります。

路線によっても異なるため、詳細については、各航空会社に直接確認してください。

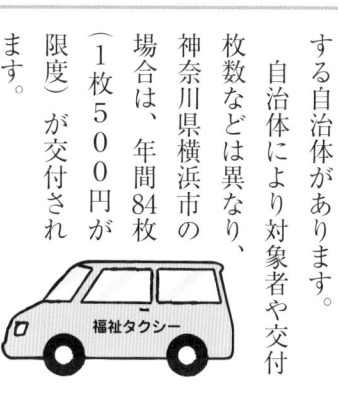

福祉タクシー利用券の交付

外出が困難な人の日常生活の利便性を高め、生活圏を広げるために、身体障害者手帳や療育手帳等をもっていて、一定の条件に当てはまる人には福祉タクシー利用券を交付する自治体があります。

自治体により対象者や交付枚数などは異なり、神奈川県横浜市の場合は、年間84枚（1枚500円が限度）が交付されます。

福祉タクシー

同行援護

支援法

視覚障害児・者の社会参加や地域活動を支援するサービスです。

視覚の障害によってひとりでの外出が困難な人に同行し、歩行や乗り物での移動を支援するなど、視覚的情報をサポートします。また、目的地まで同行するだけではなく、外出先での情報提供、代読や代筆も担い、外出する際に必要な排泄や食事などの援助なども含みます。

対象となる人

●視覚障害によって移動に著しい困難がある人（同行援護アセスメント調査票に該当の要件あり）

行動援護

支援法

ひとりで行動するのが危険な障害児・者、たとえば、行動に著しい困難があり、つねに介護が必要な知的障害や精神障害がある人の、外出時の行動などを手助けします。

外出時における移動中の介護のほか、行動する際に生じる危険を回避するために援護します。また、行動障害が起きてしまったときには適切な対処をとるように手助けして、障害のある人が安全・安心して社会参加できるようにサポートします。食事や排泄介助も行います。

対象となる人

●障害支援区分3以上、さらに障害支援区分の認定調査で一定の要件を満たした人

自動車運転免許取得費用の助成

身体に障害のある人が仕事に就き、社会参加、地域活動が容易にできるように、運転免許取得の際にかかる費用の一部を助成している自治体があります。

神奈川県横浜市の場合、技能教習費の３分の２（上限10万円）が助成されます。

対象者は、身体障害者手帳１級～４級の人、療育手帳（愛の手帳）Ａ１～Ｂ２の人、または障害者更生相談所や児童相談所で知能指数75以下と判定された人、精神障害者保健福祉手帳１級～３級の人となっています。

自治体によって対象者の要件、助成金額などが大きく異なります。詳細については、福祉担当窓口や運転免許試験場に問い合わせてください。

自動車燃料費の助成

障害のある人の日常生活の利便性を高めるために、本人またはその家族が運転する自動車、または原動機付自転車の燃料費の一部を助成している自治体もあります。

たとえば東京都世田谷区の場合、身体障害者手帳（一定の障害が決まっている）、療育手帳（愛の手帳）１度・２度の人が対象です。

６カ月１２０００円が助成の上限とされています。なお、福祉タクシー券を受けている人は受給できません。

【税金・公共料金など】

所得税・住民税の障害者控除

納税者本人自身や家計を共にしている親族が所得税法上の障害者に当たる場合は、会社員なら年末調整で、自分で税務署に申告するなら確定申告をする際に、書類に必要情報を記載することで所得税や住民税の障害者控除（所得控除のひとつ）を受けることができます。

収入から経費などを差し引いた所得金額から、所得控除を引くと課税所得が出ます。この課税所得に税率を掛けて納税額が算出されるわけですから、所得控除が多ければ納める税金が減ることになります。

本人または親族が精神障害者保健福祉手帳、身体障害者手帳をもっている、知的障害と判定された人であるなどの要件に該当していれば対象になります。障害の程度によって、障害者と特別障害者に区別され、控除額が異なります。

なお、扶養控除の対象にならない16歳未満の扶養親族も、障害者控除は適用されます。

所得税・住民税の障害者控除額　（2021年2月現在）

区分	所得税	住民税
障害者	27万円	26万円
特別障害者	40万円	30万円
同居特別障害者※	75万円	53万円

※同居特別障害者とは、同一生計配偶者または扶養親族のうち特別障害者に該当し、納税者自身、配偶者、生計を一にする親族のいずれかとの同居をつねとしている人。

ＮＨＫ放送受信料の免除

身体障害・知的障害・精神障害のある人がいる世帯では、ＮＨＫの放送受信料が全額または半額免除になります。

全額免除の対象となるのは、同じ世帯に身体障害者手帳、療育手帳（または判定書）、精神障害者保健福祉手帳のいずれかをもっている人がいて、かつ世帯の全員が市町村民税非課税の場合です。

半額免除の対象となるのは、視覚・聴覚障害で身体障害者手帳を保有する人、重度の身体障害・精神障害で障害者手帳を保有する人、重度の知的障害と判定された人が世帯主かつ受信契約者の場合です。免除を受けるためには、該当することの証明や確認を自治体で受けてから、ＮＨＫへ申請書を提出します。

自動車税の減免

身体障害者手帳、療育手帳、精神障害者保健福祉手帳の交付を受けている障害者の通院や通学などに使う個人名義の自家用車については、自動車税や自動車所得税の減免措置があります。

対象者は、一定の等級に該当する障害者本人、または障害者と生計が同じ人で、障害者のためにもっぱら使用する人です。登録できるのは、世帯につき1台です。

軽自動車税にも減免の制度があります。

ゴミ出しの支援

粗大ゴミや家庭ゴミの持ち出しを支援している自治体もあります。

たとえば、神奈川県横浜市の場合、対象となる人の敷地内から直接家庭ゴミを収集したり、敷地内または屋内まで入って粗大ゴミを収集してくれたりします。対象者は障害があってひとり暮らしであるなどの要件を満たす人で、事前に申し込みが必要です。また、重度の障害者がいる世帯などの場合は、粗大ゴミの処理手数料が年4個まで免除される制度も設けています。

水道・下水道料金の減免

水道・下水道料金の免除や減免をしている自治体があります。

たとえば、神奈川県横浜市の場合、身体障害者手帳1級・2級の人がいる世帯や知能指数35以下の人がいる世帯などについては、水道料金の基本料金相当額と下水道使用料の基本額相当額が免除されます。

また、東京都の場合は、特別児童扶養手当を受給していると、水道料金では基本料金と1カ月当たり10㎥までの従量料金の合計額に100分の110を乗じて得た額、下水道料金では1カ月当たり8㎥までの料金が減免されます。

自治体によって異なるため、最寄りの水道局や福祉担当窓口などに問い合わせをしてください。

自立支援医療（育成医療）の給付

支援法

身体に障害がある、または放置すると将来障害を残すと認められる児童に対し、手術などで確実に治療効果が期待できる場合に、身体障害を軽くしたり、回復させたりする治療を行うための制度です。公的医療保険で3割負担のところを1割負担で治療ができ、その1割分についても1カ月当たりの負担上限額を設けて、負担を軽くしています。

障害の例としては、肢体不自由による先天性股関節脱臼、視覚障害では白内障や先天性緑内障、呼吸器の障害による気道狭窄などがあります。また、先天性の内臓機能障害や免疫機能障害の治療なども対象になります。

この制度で医療を受けられるのは、各都道府県が指定した「指定自立支援医療機関」に限られます。

対象となる人

●18歳未満で、視覚、聴覚、言語、肢体、内臓に障害がある児童。障害者手帳をもっていなくても、給付の対象になる

対象となる障害

❶視覚障害

❷聴覚障害

❸言語障害

❹肢体不自由

❺内部障害

自立支援医療の仕組み

自立支援医療は「心身の障害を除去・軽減するための医療について」、医療費の自己負担額を軽減する公費負担医療制度で、育成医療、更正医療、精神通院医療がある。いずれも実施主体は市区町村。

自立支援医療の申請は障害福祉課などで行い、認められると「自立支援医療受給者証」が交付される。自立支援医療を受ける際には、その都度、受給者証を医療機関に提示する必要がある。この有効期間は1年で、有効期間終了後も自立支援医療を受ける場合は、更新の手続きを行う。

所得区分ごとの負担上限額（月額） （2021年2月現在）

所得区分			更生医療・精神通院医療	育成医療	重度かつ継続
一定所得以上		市町村民税235,000円以上	対象外		20,000円
中間所得	中間所得2	市町村民税33,000円以上235,000円未満	総医療費の1割または高額療養費（医療保険）の自己負担限度額 精神通院のほとんどは重度かつ継続（※2）	10,000円	10,000円
	中間所得1	市町村民税課税以上33,000円未満		5,000円	5,000円
低所得	低所得2	市町村民税非課税（本人年収(※1)が800,001円以上）	5,000円		
	低所得1	市町村民税非課税（本人年収(※1)が800,000円以下）	2,500円		
生活保護		生活保護世帯	0円		

※1　障害児の場合は保護者。
※2　「重度かつ継続」は疾病の種類によって対象になる人と、疾病とは関係なく高額な費用負担が継続することから対象となる人がいる。
●自治体によって負担上限額は異なる。

自立支援医療（更生医療）の給付

支援法

障害を軽減・除去する手術などの治療によって日常生活能力や職業能力の回復を図ることを目的とした助成制度です。

更正医療の対象になるのは、身体障害者手帳に記載されている障害であって、それ以外の部分に対する治療や治療の効果が期待できない医療は対象にはなりません。また、給付の対象になる医療であっても、「自立支援医療受給者証」に記載されている医療機関以外で受診や調剤などを受けた場合は、給付の対象になりません。

自己負担は原則1割で、世帯の所得に応じ、月額の自己負担上限額を超えた分については負担しなくてもいいことになっています。「自立支援医療受給者証」の有効期間や医療機関などについては育成医療（118ページ）と同じです。

対象となる人

●身体障害者手帳をもっている18歳以上の人

対象となる障害

❶視覚障害によるもの

❷聴覚、平衡（へいこう）機能の障害によるもの

❸音声機能、言語機能または咀嚼（そしゃく）機能の障害によるもの

❹肢体（したい）不自由によるもの

❺心臓、腎臓、小腸または肝臓の機能の障害によるもの（日常生活が著しい制限を受ける程度であると認められるものに限る）

❻ヒト免疫不全ウイルスによる免疫の機能の障害によるもの（日常生活が著しい制限を受ける程度であると認められるものに限る）

自立支援医療（精神通院医療）の給付

支援法

精神疾患の治療を続けるために、外来での投薬やデイケアなどへの通院が必要な人の医療費を軽減する制度です。症状がほとんどなくなっている人でも、その状態を維持し、再発を予防するために通院が必要な場合は対象になります。

通院・デイケア・訪問看護は制度の対象になりますが、入院や公的医療保険の対象とならないカウンセリング代などは対象外です。対象となる精神疾患は、統合失調症、うつ病や双極性障害などの気分障害、てんかん、心理的発達の障害などです。

自己負担は原則1割で、世帯の所得に応じ、月額の自己負担上限額を超えた分については負担しなくてもいいことになっています。「自立支援医療受給者証」の有効期間や医療機関などについては育成医療（118ページ）と同じです。

対象となる人

●通院による治療を継続的に必要とする状態の精神障害のある人

対象となる精神疾患

❶病状性を含む器質性精神障害
❷精神作用物質使用による精神および行動の障害
❸統合失調症、統合失調症型障害および妄想性障害
❹気分障害
❺てんかん
❻神経症性障害、ストレス関連障害および身体表現性障害
❼生理的障害および身体的要因に関連した行動症候群
❽成人の人格および行動の障害
❾精神遅滞
❿心理的発達の障害
⓫小児期および青年期に通常発症する行動および情緒の障害

心身障害者医療費助成制度

障害のある人は、どうしても医療費がかかりがちです。そこで、心身障害者が医療を受けた際の国民健康保険や健康保険などの自己負担分に対して助成する「心身障害者医療費助成制度」を設けている自治体があります。

東京都の場合、身体障害者手帳1級・2級（内部障害のある人は1級〜3級）の人、療育手帳（愛の手帳）1度・2度の人、精神障害者保健福祉手帳1級の人が対象で、保険証を使って病院などで診療を受けたり、薬をもらったりしたときに、医療保険の自己負担分から一部負担金を除いた額が助成されます。

自治体で運営されている制度ですから、対象者や助成内容は自治体によってさまざまです。

小児精神障害者入院医療費助成

東京都では都内に住んでいて、精神疾患治療（てんかん、または精神発達遅滞のみの場合は対象外）のため、精神科病院や精神科病床での入院治療を必要としている18歳未満の児童を対象に、入院医療費を助成しています。ただし、入院治療を継続して行う場合には、満20歳の誕生月の末日まで延長が可能です。

健康保険が適用される入院費について自己負担額が助成されます。

入院時の食事療養費標準負担額や自己負担となる差額ベッド代などは対象外となっています。

小児慢性特定疾病の医療費助成制度

子どもが慢性疾患の場合は、治療期間が長く、医療費の負担が大きくなります。その負担軽減のため、自己負担分の一部を補助する制度が小児慢性特定疾病の医療費助成制度です。

小児慢性特定疾病とは、次の4つの条件すべてを満たし、厚生労働大臣が定めた病気です。（2019年現在で756疾病）

- 慢性に経過する疾病である
- 生命を長期に脅かす疾病である
- 症状や治療が長期にわたって生活の質を低下させる疾病である
- 長期にわたって高額な医療費の負担が続く疾病である

医療費助成の対象となるのは原則18歳未満の児童です。

申請には、小児慢性特定疾病の診断を行う指定医療機関の指定医の診断書が必要となります。医師意見書と必要書類を併せて、自治体の担当窓口に提出します。認定された場合は医療受給証が交付されます。

医療費助成における自己負担限度額（月額）　（2021年2月現在）

階層区分	年収の目安（夫婦2人・子1人世帯）	自己負担限度額（患者負担割合:2割、外来＋入院）		
		一般	重症（※）	人工呼吸器等装着者
生活保護	−	0	0	0
低所得1	市区町村民非課税（〜年収約80万円）	1,250円	1,250円	500円
低所得2	市区町村民非課税（年収80万円超〜）	2,500円	2,500円	
一般所得1	市区町村民税〜7.1万円未満（〜年収約430万円）	5,000円	2,500円	
一般所得2	市区町村民税〜25.1万円未満（〜年収約850万円）	10,000円	5,000円	
上位所得	市区町村民税25.1万円〜（年収約850万円〜）	15,000円	10,000円	
入院時の食事療養費		1/2自己負担		

※「重症」とは、①高額な医療が長期的に継続する者（医療費が月額5万円を超える日が年間6回以上ある場合）、②重症患者基準に適合する者のこと。

特別児童扶養手当

特別児童扶養手当は、精神や身体に障害のある児童の福祉の増進を目的に、児童が20歳になるまで、障害の等級に応じた額がその児童を育てている父母等に支給される制度です。

障害の等級は1級と2級に分けられており、1級はおおむね身体障害者1級・2級、療育手帳A判定程度、2級はおおむね身体障害者手帳3級・4級、療育手帳B判定程度です。

障害児の父母もしくはその配偶者または生計を同じくする扶養義務者（たとえば祖父母や兄弟姉妹など）の前年の所得が一定の額以上であるときは、手当は支給されません。なお、手当は物価変動によって調整されるため、年度によって異なることがあります。

児童が児童福祉施設などに入所している場合や、障害を支給の理由として公的年金を受けるときなどは対象外になります。

受給の手続きをする際には、特別児童扶養手当認定請求書、所定の診断書、預貯金通帳、請求者と対象児童の戸籍謄本（とうほん）、印鑑、マイナンバーなど必要書類をそろえ、市区町村の窓口に申請します。

対象児童１人当たり月額手当支給金額（2024年4月現在）

特別児童扶養手当１級	55,300円
２級	36,860円

※原則として、年に４回（2、5、8、11月）それぞれの前月分までが指定の口座に支給される。

障害児福祉手当

障害児福祉手当は、重い障害のある児童に対し、その障害による精神的、物質的な負担を軽くするために手当を支給して、障害児の福祉の向上を図ることを目的としています。

対象となるのは、精神または体に重度の障害があるために常に介護が必要で、たとえば両目の視力の和が０・０２以下である、両耳の聴力が補聴器を用いても音声を識別することができない、体幹の機能に座っていることができない程度の障害があるなどの20歳未満の人です。

特別児童扶養手当との併給は可能ですが、その他の公的年金との併給はできません。また、児童福祉施設などに入所している場合も対象外となります。さらに、所得制限があり、本人(受給資格者)の所得や配偶者や扶養義務者の前年の所得が一定の額以上であるときは支給されません。

対象児童１人当たり月額手当支給金額 (2024年4月現在)

障害児福祉手当	15,690円

※原則として、年に4回(2、5、8、11月)それぞれの前月分までが指定の口座に支給される。

特別障害者手当

特別障害者手当は、精神や体に著しく重い障害があるために、つねに特別な介護を必要とする20歳以上の特別障害者に対して、重度の障害による精神的・物質的な特別の負担を軽減するために国が手当を支給することで、その福祉の向上を図ることを目的としています。

対象となるのは、おおむね身体障害者手帳1級・2級程度および療育手帳1度・2度程度の障害が重複している人、もしくはそれと同等の疾病・精神障害のある人です。障害者手帳をもっていなければ受給できないことはなく、医師の診断書によって受給の可否は判断されます。障害者手帳をもっていても、受給できないこともあります。

施設などに入所している場合や医療機関に3カ月以上入院している場合も、手当は受けられません。

この手当にも所得制限があります。

対象者の条件

- 重度の身体障害者であること
- 20 歳以上であること
- 在宅で生活していること

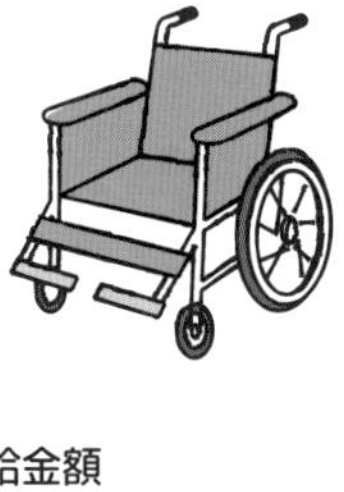

特別障害者 1 人当たり月額手当支給金額 （2022年4月現在）

特別障害者手当	27,300 円

※原則として、年に４回（2、5、8、11 月）それぞれの前月分までが指定の口座に支給される。

生活福祉資金の貸付

生活福祉資金は低所得世帯や高齢者世帯、障害者世帯に一時的に貸付をすることで、世帯の自立を図ることを目的にしています。生活福祉資金には、総合支援資金、福祉資金、教育支援資金、不動産担保型生活資金の4種類があります。

障害者世帯の場合は、身体障害者手帳、療育手帳、精神障害者保健福祉手帳の交付を受けた人がいる世帯が対象です。返済の見込みがあると判断されることも条件のひとつになっています。申し込みに当たっては、原則として連帯保証人が1名必要ですが、連帯保証人を立てない場合も貸付は可能です。

申し込み前には、民生委員による世帯調査があり、借入から返済まで民生委員の相談援助を受けることになります。問い合わせの窓口は社会福祉協議会です。

福祉資金の種類　　(2021年2月現在)

資金の目的	貸付金額	据置期間	償還期間
生業を営むための必要な経費	460万円	6月以内	20年以内
技能習得に必要な経費およびその期間中の生計を維持するために必要な経費	技能を修得する期間が 6月程度　130万円 1年程度　220万円 2年程度　400万円 3年以内　580万円	技能習得後 6月以内	8年以内
福祉用具等の購入に必要な経費	170万円	6月以内	8年以内
障害者用自動車の購入に必要な経費	250万円	6月以内	8年以内

※ほかにもさまざまな福祉資金がある。貸付金利は連帯保証人を立てる場合は無利子、立てない場合は年1.5%。

「障害者総合支援法」には利用者負担の軽減措置が設けられている

障害福祉サービスの負担には上限がある

さまざまなサービスを受けることで費用負担がかさむのではと心配になる人もいるかもしれません。

障害福祉サービスはサービスの種類ごとに金額が決まっています。これを報酬基準といい、たとえばサービス提供事業者から1000円のサービスを受けたら、利用者は報酬基準の1割である100円を負担します。

自己負担が利用料の1割とはいえ、利用するサービスが多くなれば利用料が増えてしまうため、利用を控えることにもなりかねません。そうしたことを防ぐために、障害福祉サービスを利用するときの負担は収入に応じて負担上限月額が設定されています。1カ月に利用したサービス量にかかわらず、それ以上の負担はありません。

負担上限設定の仕組み

障害福祉サービス利用料の上限設定には、4つの段階があります。生活保護を受給している世帯であれば、自己負担はゼロとなります。

収入があっても、3人家族で世帯の収入すべてを合わせておおむね300万円以下など、所得の低い世帯では、市区町村の住民税が非課税となり、自己負担はゼロとなります。

世帯収入がおおむね600万円以下であれば、負担の上限は9300円です。収入がそれ以上であったり、20歳以上の入所施設利用者やグループホーム利用者であったりすれば、上限が3万7200円になります。

障害福祉サービスの負担上限月額

（2021年２月現在）

区分	世帯の収入状況		負担上限月額	
生活保護	生活保護受給世帯		0円	
低所得	市町村民税非課税世帯（※１）		0円	
一般１	市町村民税課税世帯	障害者の場合 所得割16万円(※2)未満 ※入所施設利用者（20歳以上）およびグループホーム利用者を除く(※3)	9,300円	
		障害児の場合 所得割28万円(※4)未満 ※20歳未満の入所施設利用者を含む	通所支援、ホームヘルプ利用の場合	4,600円
			入所施設利用の場合	9,300円
一般2	上記以外		37,200円	

※１　３人世帯で障害者基礎年金１級受給の場合、収入がおおむね 300 万円以下の世帯が対象となる。
※２　収入がおおむね 600 万円以下の世帯が対象となる。
※３　入所施設利用者(20歳以上)、グループホーム利用者は、市町村民税課税世帯の場合「一般２」となる。
※４　収入がおおむね 890 万円以下の世帯が対象となる。

所得を判断する際の世帯の範囲

- 18歳以上の障害者（施設に入所する18歳、19歳を除く）の場合は障害のある人とその配偶者が世帯の範囲となる。
- 障害児（施設に入所する18歳、19歳を含む）の場合は保護者が属する住民基本台帳の世帯が世帯の範囲となる。

知っておきたいこんな制度

ほかにもある軽減措置

利用者負担については、ほかにも制度があります。

たとえば、療養介護を利用する場合は、医療費と食費に減免があります。また、グループホームを利用する人の家賃補助（201ページ）もあります。

世帯単位での軽減措置もあり、障害のある人や難病の人が同じ世帯に複数いて、障害福祉サービスなどを利用し、その利用額が基準額を超えた場合には、「高額障害福祉サービス等給付費」という軽減措置が適用されます。

身体障害児(者)のための身体障害者手帳の仕組みと交付まで

障害によって等級が決められている

障害者手帳には、「身体障害者手帳」「療育手帳」「精神障害者保健福祉手帳」の３つがあります。制度の根拠となる法律等はそれぞれ違いますが、取得しているのがどの手帳であっても障害者総合支援法の対象となり、さまざまな支援が受けられます。また、各自治体が独自に提供するサービスも受けられます。

身体の機能に一定の障害があると認められた人に交付されるのが身体障害者手帳です。その障害とは上の表のもので、一定以上で永続することが条件となっています。

視覚障害、聴覚障害などそれぞれの障害ごとに障害の程度が決められています。たとえば、視覚障害で視

身体障害者手帳の対象となる障害

●視覚障害
●聴覚または平衡（へいこう）機能の障害
●音声機能、言語機能または咀嚼（そしゃく）機能の障害
●肢体（したい）不自由
●心臓、じん臓または呼吸器の機能の障害
●ぼうこうまたは直腸の機能の障害
●小腸の機能の障害
●ヒト免疫不全ウイルスによる免疫の機能の障害
●肝臓の機能の障害

取得の手続きに必要な書類など

●申請書

申請書

●印鑑

●本人の写真
（タテ4cm×ヨコ3cm、上半身）

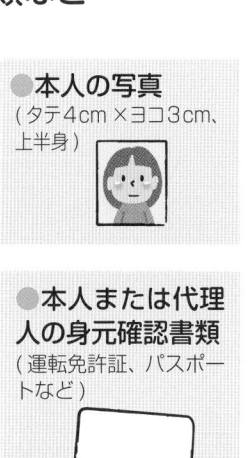

●指定医の診断書・意見書
（市区町村によって発行からの期限が決まっている）

診断書

●通知カードまたは個人番号カード
（マイナンバーカード）

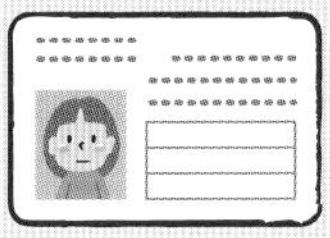

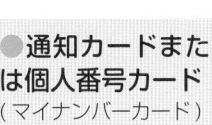

●本人または代理人の身元確認書類
（運転免許証、パスポートなど）

力のいいほうの眼の視力が0.01以下なら1級、聴覚障害で両耳の聴力レベルがそれぞれ100デシベル以上なら2級などと決まっています。

身体障害者手帳は1～6級まで

障害の程度は障害ごとに1級から6級までに分かれています。ただし、7級の障害もあり、7級の障害が2つ以上重なる場合等は6級と認定され交付の対象となります。身体障害者手帳は、障害の原因となる病気の治療から一定期間が経過して、症状が固定した後に認定されます。このため、乳幼児などは認定の対象にならないケースもあります。

申請には、障害の種類によって診断書を作成できる医師（指定医）が決められています。指定医以外が作成した診断書は受け付けられません。指定医がわからない場合は、市区町村の福祉担当窓口に相談しましょう。申請は本人（15歳未満の児童の場合は保護者）が行います。申請から交付までは市区町村によりますが、1～2カ月程度かかります。

知的障害児(者)のための療育手帳の仕組みと交付まで

自治体によって制度の運用は異なる

児童相談所または知的障害者更正相談所で知的障害と判定された人に対して交付されるのが療育手帳です。18歳未満は児童相談所、18歳以上は知的障害者更生相談所が判定を行います。

療育手帳制度は国が大枠を示しているものの、各都道府県知事や政令指定都市の市長がそれぞれの判断に基づいて運用方法を決めて実施しています。つまり、住んでいる自治体によって仕組みやサービスが異なるのです。これは、身体障害者手帳と精神障害者保健福祉手帳がそれぞれの法律で規定されているのに対し、療育手帳に関しては知的障害者福祉法に手帳の規定がないことによります。このため、療育手帳とは別の名称を使っている自治体もあります。たとえば、東京都は「愛の手帳」、名古屋市は「愛護手帳」です。

障害の判定についても、基本的には左ページのように重度とそれ以外に区分されますが、この区分をさらに細かくしている自治体もあります。東京都や名古屋市の場合は1度(最重度)～4度(軽度)の4つに区分しています。

知的障害は成長とともに症状が変化することもあるため、原則2年ごとに障害の程度を確認します。ただし、これも自治体によって異なり、東京都の場合は3歳、6歳、12歳、18歳に達したとき、またはこの間に障害の程度が著しく変化したときには更新の手続きをするとしています。2～5年ごととして「次回判定年月」を療育手帳に記載している自治体もあります。

障害の判定基準

重度（A）の基準

❶知能指数がおおむね35以下であって、次のいずれかに該当する者
- 食事、着脱衣、排便および洗面など日常生活の介助を必要とする。
- 異食、興奮などの問題行動を有する。

❷知能指数がおおむね50以下であって、盲、ろうあ、肢体（したい）不自由などを有する者

それ以外（B）の基準

重度（A）のもの以外

※厚生労働省 HP「療育手帳別度の概要」より

取得の手続きに必要な書類など

- 申請書
- 本人の写真（タテ4cm×ヨコ3cm、上半身）
- 印鑑
- 母子手帳
- 診療情報提供書　など

知っておきたいこんな制度

発達障害の人にも交付の可能性がある

近年は発達障害の人が増えていますが、現在のところ、発達障害の人のための障害者手帳はありません。しかし、知的な遅れがある発達障害の人は療育手帳の取得が申請できます。知的な遅れについては自治体によって判定基準が異なり、知能指数(IQ)の上限値は70あるいは75程度が多いようです。

知的な遅れがない人の場合は、自治体によって異なるものの、精神障害者保健福祉手帳の申請ができることがあります。制度がないからとあきらめず、福祉担当窓口に相談してみましょう。

精神障害児(者)のための精神障害者保健福祉手帳の仕組みと交付まで

障害の等級は1級から3級に分けられる

精神障害者保健福祉手帳は、精神障害を抱えている人の自立と社会参加の促進を目的としており、この手帳をもっているとさまざまな支援が受けられます。対象となるのは、左ページの表のような精神疾患のある人で、手帳を交付するのは、各都道府県知事と政令指定都市の市長です。

精神障害者保健福祉手帳は、1級~3級までに区分されており、それぞれに判定基準が決められています。1級は大まかにいえば常に支援がないと生活ができない状態です。2級は一人で外出などはできるものの、突発的な出来事が起きると対処できない。3級は就労支援や配慮のある一般企業であれば働くこともできますが、強いストレスを感じるとひとりで問題が解決できないことがある状態です。

有効期間は2年間

精神障害者手帳には有効期限があります。有効期間は交付日から2年間です。更新を希望する人は、2年ごとに診断書を添えて、更新申請の手続きを行う必要があります。更新の際は、改めて等級の審査が行われます。

申請は、本人か本人の意思に基づいて家族が行います。医療機関の関係者が代理で行うこともできます。その際、初診日から6カ月を経過している日付の診断書が必要です。申請から結果がわかるまでは、自治体によりますが2カ月程度かかります。

精神障害者保健福祉手帳の対象となる疾患

- うつ病、双極性障害などの気分障害
- てんかん
- 薬物やアルコールによる急性中毒またはその依存症
- 高次脳機能障害
- 発達障害（自閉症、学習障害、注意欠陥多動性障害など）
- 統合失調症
- その他の精神疾患（ストレス関連障害など）

障害等級

1級	日常生活の用を弁ずることを不能ならしめる程度
2級	日常生活が著しい制限を受けるか、または日常生活に著しい制限を加えることを必要とする程度
3級	日常生活または社会生活が制限を受けるか、日常生活または社会生活に制限を加えることを必要とする程度

取得の手続きに必要な書類など

●申請書

申請書

●本人の写真

（タテ4cm×ヨコ3cm、上半身）

●診断書または精神障害による障害年金を受給している場合は、その証書などの写し

※診断書は、精神障害の初診日から6カ月を経過した日以後に、精神保健指定医（または精神障害の診断または治療に従事する医師）が作成したもの。

※てんかん、発達障害、高次脳機能障害などについて、精神科以外の科で診療を受けている場合は、それぞれの専門医が作成したもの。

診断書

ケーススタディ

支援を活用することで自立できる

知的障害のある
Gさん
（45歳）

両親が高齢となったGさんは、昼間通っている就労継続支援B型事業所から、徒歩10分ほどのところにあるアパートでひとり暮らしを始めました。

食事の支度や洗濯、買い物など多少の経験はありますが、すべてこなしたことはなく、本人にも家族にも不安がありました。

ひとりでの生活を始めるにあたり、新しく障害福祉サービスの介護給付の「居宅介護（家事援助）」と地域生活支援事業の「移動支援」を利用することにしました。ヘルパーといっしょに食事の準備や掃除をしたり、休日には身の周りの買い物に出かけたりしています。いずれも同じ事業所の、同じヘルパーが支援してくれています。

また、社会福祉協議会の「日常生活自立支援事業」を利用し、金銭の管理を支援員の助けを借りながら行い、無駄遣いすることなく、計画的にお金を使うことも学び始めました。複数のサポートを活用しながら、自立した生活を目指しています。

ケーススタディ

障害者手帳保有のメリットは大きい

知的障害のある
Hさん
（25歳）

Hさんは、毎日休むことなく元気に福祉事業所で働いています。

Hさんの趣味は電車で、電車をみることも乗ることも大好きです。毎週末、電車に乗り、ショッピングモールに出かけ、買い物や映画をみて楽しんでいます。

Hさんは障害者手帳をもっているため、これを提示するとバスの運賃や映画の鑑賞料などの割引を受けることができます。これらの割引を活用して、決まったお小遣いのなかで休日の余暇を楽しむことができています。

Hさんは、将来は一般企業で働くことを目標にしています。障害者手帳をもっていることにより、障害者雇用枠での採用の可能性があるのです。

障害者雇用を行う企業は、国や自治体のさまざまな助成金制度を活用することができます。企業への助成金がHさんに直接的なメリットをもたらすわけではありませんが、結果としてHさんの就職への道をひろげることにつながっています。

ケーススタディ

税金などの減免は生活の安心材料

身体障害のある
Iさん
（28歳）

Iさんは一般企業で仕事をしており、結婚を機に引っ越しをしました。会社から遠くなったため、車を購入して車で通勤しようかと考えています。少し心配なのは車にかかる税金です。

障害者手帳をもっていると、自動車取得税や毎年納める自動車税が減免されます。たとえば東京都の場合、自動車取得税では300万円に税率を乗じた額が減免の上限額となり、自動車税では年額4万5000円が減免の上限額となっています（2021年2月現在。都道府県によって異なる）。

税金以外にも、携帯電話の使用料にも各種の割引きがあり、Iさんの場合は健常者のほぼ半額負担ですんでいます。Iさんは、こうした制度は負担の軽減になり、結婚生活のうえでも安心材料になるといいます。

パート 4

20歳になったら受給できる障害年金

公的年金は日本国内に住所がある人は全員加入する制度

被保険者は第1号から第3号まで3種類

日本には国が運営する公的年金制度があります。この制度は2階建て構造になっており、1階は日本国内に住んでいる20歳以上60歳未満の人全員が加入する「国民年金」、2階は会社員や公務員等が加入する「厚生年金」です。厚生年金に加入すると、自動的に国民年金にも加入することになります。これらの公的年金制度の加入者を「被保険者」といいます。

公的年金の被保険者には、職業などによって3つの種別があり、それぞれ保険料の納め方は異なります。

自営業者や学生など国民年金のみに加入している人を第1号被保険者といい、毎月決まった額の保険料を納めます。

厚生年金に加入している人を第2号被保険者といいます。保険料は給与などに応じて決まり、会社と被保険者で折半し、被保険者分は給料から天引きされます。このなかには国民年金の保険料も含まれます。

会社員などに扶養されている専業主婦などを第3号被保険者といい、国民年金のみの加入となります。保険料は配偶者が加入する年金から拠出されているため、納付の必要はありません。

公的年金制度の目的は、老齢・障害・死亡によって生活が不安定になるのを防ぐことにあります。老齢年金は原則65歳から、障害年金は重度の障害を負ってしまったとき、遺族年金は一家の働き手が亡くなったときに、その人の収入によって生計を維持していた遺族に支給されます。

公的年金制度の仕組み

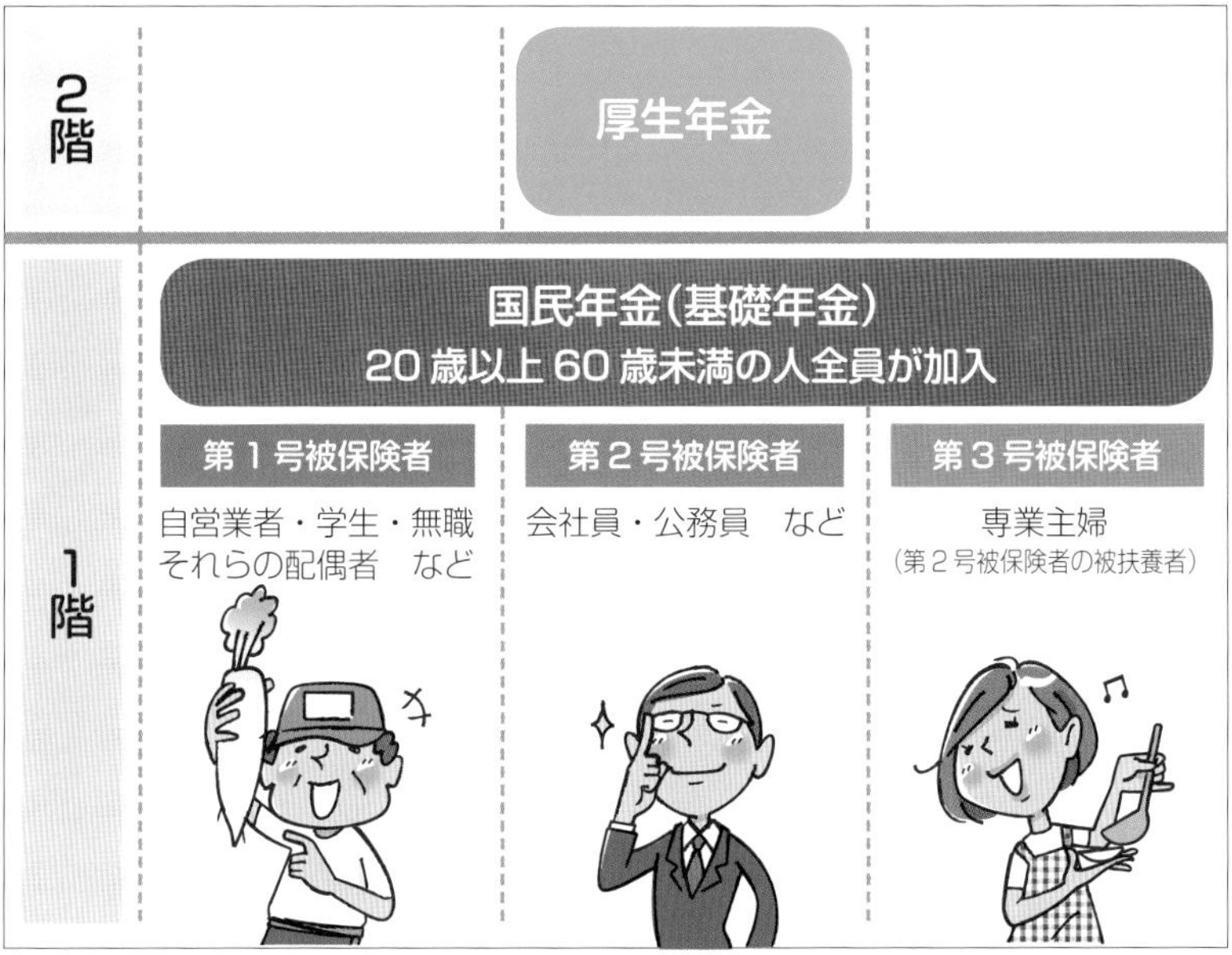
2階
厚生年金
1階
国民年金（基礎年金）
20歳以上60歳未満の人全員が加入
第1号被保険者
自営業者・学生・無職
それらの配偶者　など
第2号被保険者
会社員・公務員　など
第3号被保険者
専業主婦
（第2号被保険者の被扶養者）

公的年金の給付の種類

	基礎年金	厚生年金
老齢	**老齢基礎年金** ➡一定の加入期間などに応じた額を受給	**老齢厚生年金** ➡一定の加入期間や賃金（※1）に応じた額を受給
障害	**障害基礎年金** ➡障害等級（※2）に応じた額を受給	**障害厚生年金** ➡賃金（※1）や加入期間、障害等級（※2）に応じた額を受給
遺族	**遺族基礎年金** ➡老齢基礎年金の満額に、子どもの人数に応じて加算した額を受給	**遺族厚生年金** ➡亡くなった人の老齢厚生年金の3/4を受給

※1　賃金とは、厚生年金への加入期間中の給与と賞与（ボーナス）の平均額のことで、制度上では「平均報酬月額」と呼ばれる。
※2　障害等級は、基礎年金と厚生年金では共通している。

障害年金が受給できるのは障害等級に該当する人

障害厚生年金のほうが受給の範囲が広い

国民年金や厚生年金に加入している人が病気やケガで生活や仕事が制限されるようになったときには、障害の程度（等級）に応じて障害年金を受給することができます。

病気やケガで初めて医師の診療を受けた日（初診日）が国民年金に加入している間、または20歳前や年金制度に加入していない60歳以上65歳未満の間に、障害の程度が1級か2級に該当する障害の状態に該当すると障害基礎年金が受給できます。

初診日に厚生年金に加入していた人が、障害基礎年金の1級または2級に該当する障害の状態になったときは、障害基礎年金に上乗せして障害厚生年金が受給できます。また、2級に該当しない程度の障害であった場合には3級の障害厚生年金が受給できます。さらに、初診日から5年以内に病気やケガが治って、障害厚生年金に該当する状態より軽い障害が残った場合には一時金の形で障害手当金が受給できます。

障害等級は、それぞれの障害の種類ごとに、障害や病気の程度を判定する「障害認定基準」によって決められます。

障害年金はうつ病や統合失調症、発達障害、知的障害、がんや糖尿病などで生活や仕事が制限されるようになった場合も受給できます。

なお、障害年金と障害者手帳は別の制度ですから審査基準が異なります。そのため障害年金の等級と障害者手帳の等級が一致するとは限りません。

障害年金受給の仕組み

重い ← 障害の程度 → 軽い				
厚生年金	障害厚生年金 1級	障害厚生年金 2級	障害厚生年金 3級	障害手当金
国民年金	障害基礎年金 1級	障害基礎年金 2級	—	—

障害等級（障害認定基準）の目安

1級 他人の介助を受けなければほとんど自分の身の回りのことができないほどの状態。

2級 必ずしも他人の助けを借りる必要はないけれど、日常生活は非常に困難で、労働により収入を得ることができないほどの状態。

3級 労働が著しい制限を受けるか、労働に著しい制限を加えることを必要とする状態。「傷病が治らないもの」の場合は、傷病手当金に該当する状態であっても3級とする。

傷害手当金 「傷病が治ったもの」であって、労働が制限を受けるか、労働に制限を加えることを必要とする状態。

障害年金を受給するための３つの要件

❶初診日要件
障害の原因となった病気やケガで初めて診療を受けた日（初診日）に、国民年金か厚生年金に加入している。

❷保険料納付要件
初診日がある月の前々月までの被保険者期間のうち､3分の1以上の保険料の未納期間がないこと。または直近の１年間に保険料の未納がない。

❸障害程度要件
障害の状態が、障害認定日に、障害等級に該当していること。

20歳前の障害でも受給できる「20歳前傷病による障害基礎年金」

保険料を納めていなくても受給できる

国民年金への加入は20歳からで、保険料を納付することにより、万一障害を負った場合に障害基礎年金が受給できます。しかし、20歳前に傷病を負った人は公的年金には加入していません。そのため、障害年金は受給できないと思っている人もいますが、そのようなことはありません。

先天性の障害を負っていたり、20歳前に初診日があったりする場合は「20歳前傷病による障害基礎年金」という年金が受給できます。

20歳前はまだ国民年金への加入義務がないため、保険料の納付要件を満たしていなくても障害基礎年金を受給できるのです。

初診日が20歳前であることが条件

20歳前傷病による障害基礎年金は、初診日が20歳前である病気やケガによって、1級か2級の障害等級に該当する障害の状態にある場合に受給できます。

ここで重要なのが「障害認定日」です。障害認定日とは障害の状態であることを認定する日であり、障害年金を請求できるようになる日を指します。

障害認定日は、左の図の日をいい、20歳前に障害認定日を迎えた場合は、20歳になった日が障害認定日とされます。先天性の障害であれば、このケースになります。20歳到達日に1年6カ月を経過していない場合であれば、初診日から1年6カ月を経過した日になります。

障害の程度を認定する障害認定日とは

- 障害の原因となった傷病の初診日から1年6カ月を経過した日
- 初診日から1年6カ月以内に治った場合は、治った日（症状が固定し、治療の効果が期待できない状態を含む）
- 初診日が20歳前である場合、初診日から1年6カ月経過した日が20歳前であれば20歳になった日（20歳前傷病による障害基礎年金の認定日）

20歳前傷病による障害基礎年金の認定日とは

●20歳に達した日が障害認定日になる場合の例

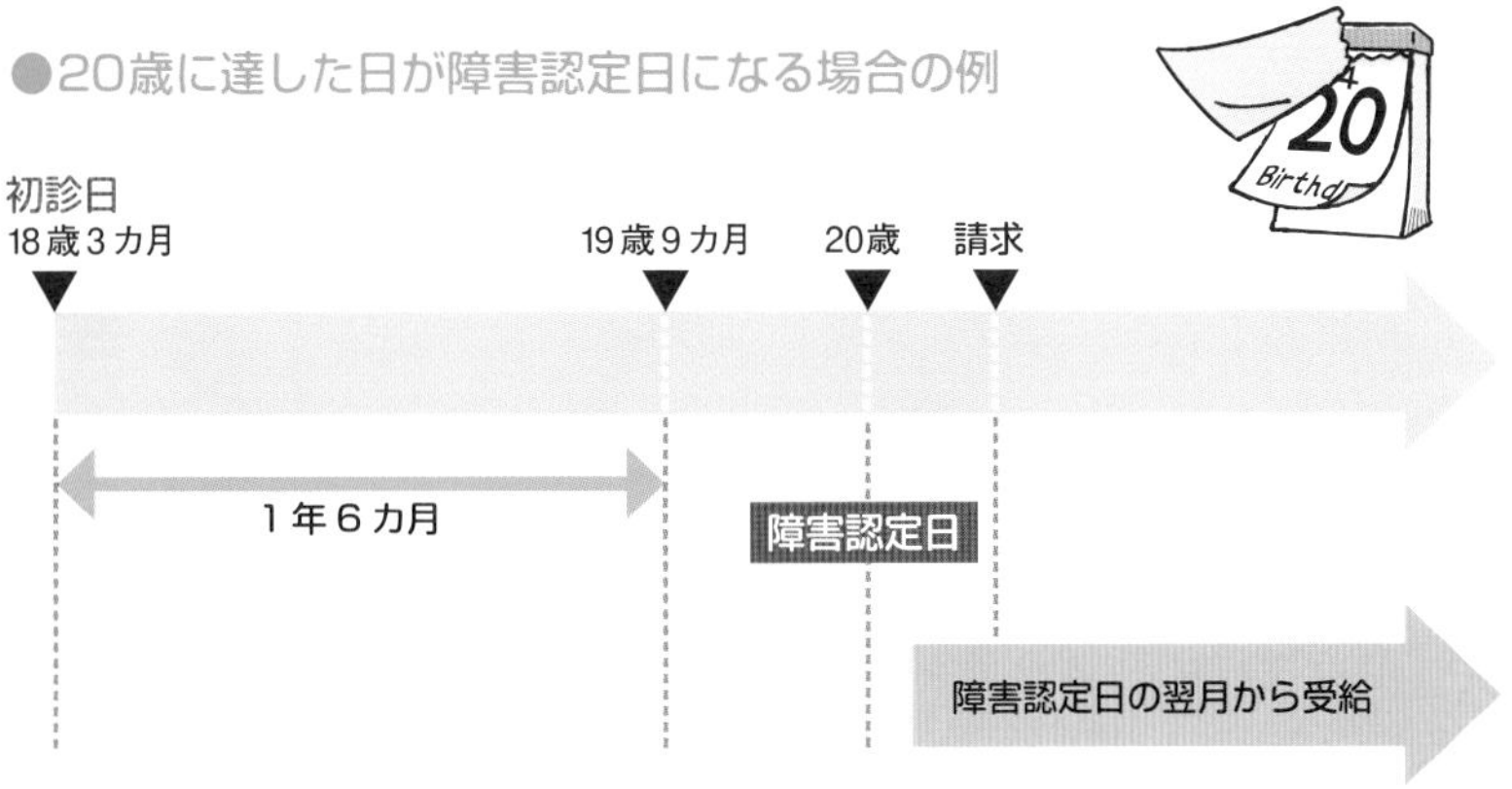
初診日
18歳3カ月
19歳9カ月
20歳
請求
1年6カ月
障害認定日
障害認定日の翌月から受給

●20歳を超える日が障害認定日になる場合の例

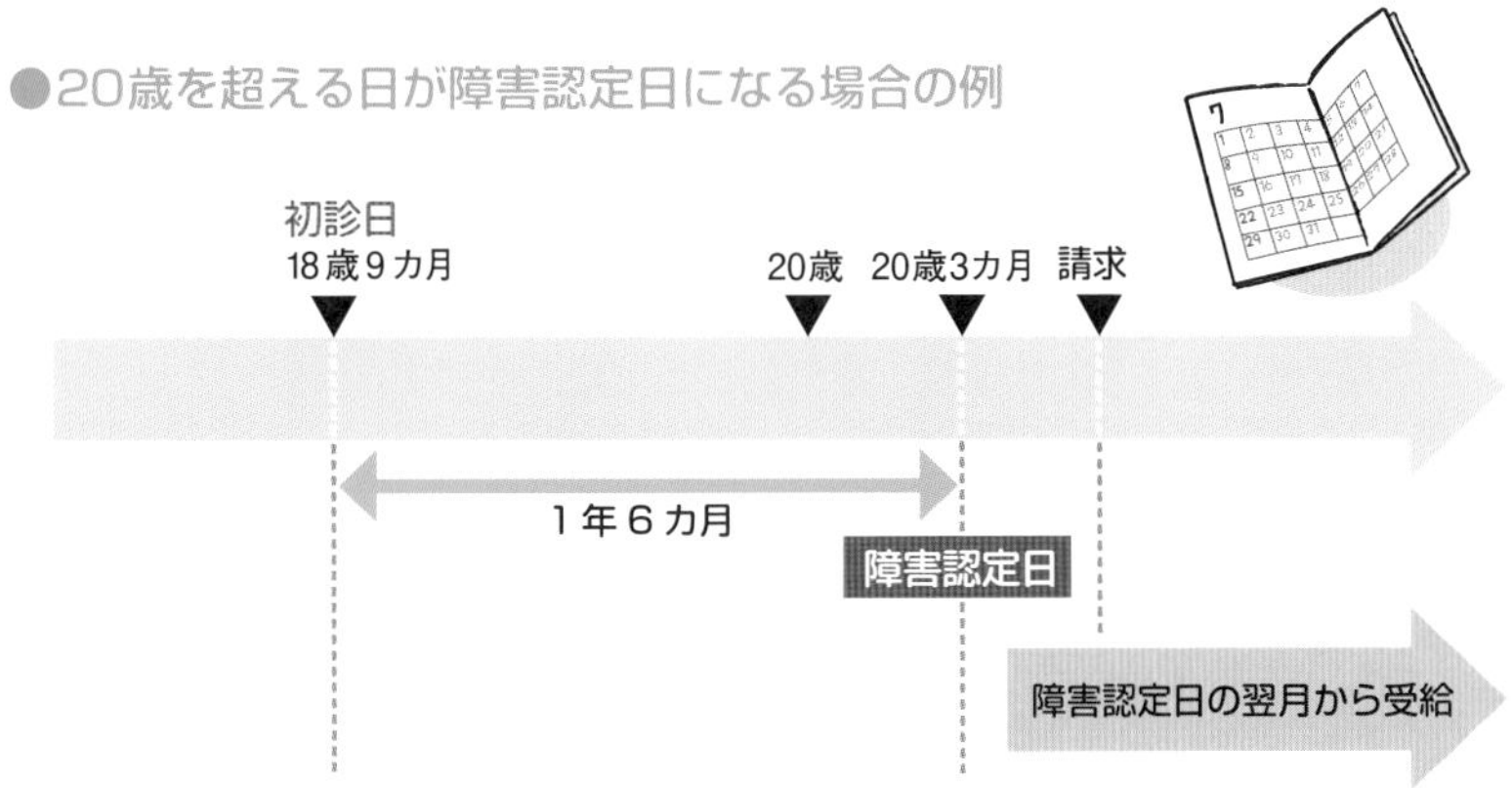
初診日
18歳9カ月
20歳
20歳3カ月
請求
1年6カ月
障害認定日
障害認定日の翌月から受給

「20歳前傷病による障害基礎年金」は一定以上の収入があると支給制限を受ける

472万1000円を超えると支給停止に

通常の障害年金であれば、所得が多くても年金額が減ることはありません。しかし、「20歳前傷病による障害基礎年金」では受給者本人に一定以上の所得があると支給が制限されてしまいます。

これは、20歳前傷病による障害基礎年金が保険料をまったく納めていなくても受給できる制度であるためです。納付要件が問われない代わりに、支給制限があるというわけです。

受給者本人の前年の所得が472万1000円を超える場合は年金の全額が支給停止となり、370万4000円を超える場合は2分の1が支給停止となります。前年の所得に基づく支給対象期間は「8月分から翌年7月分まで」ですが、年金制度が改正されたことにより、2021年からは「10月分から翌年9月分まで」に変更されました。

所得は毎年確認される

20歳前傷病による障害基礎年金を受給している場合は、1年ごとに所得額を確認されます。

とはいえ、所得に関する情報は市区町村から日本年金機構に提供されますから、受給者本人が届出をする必要はありません。

ただし、日本年金機構が所得情報の提供を受けられない場合は、「所得状況届」（ハガキ）の提出が必要になります。その場合は機構から所得状況届に関する案内が届きますから速やかに提出しましょう。

受給者の所得による支給制限

（2024年4月現在）

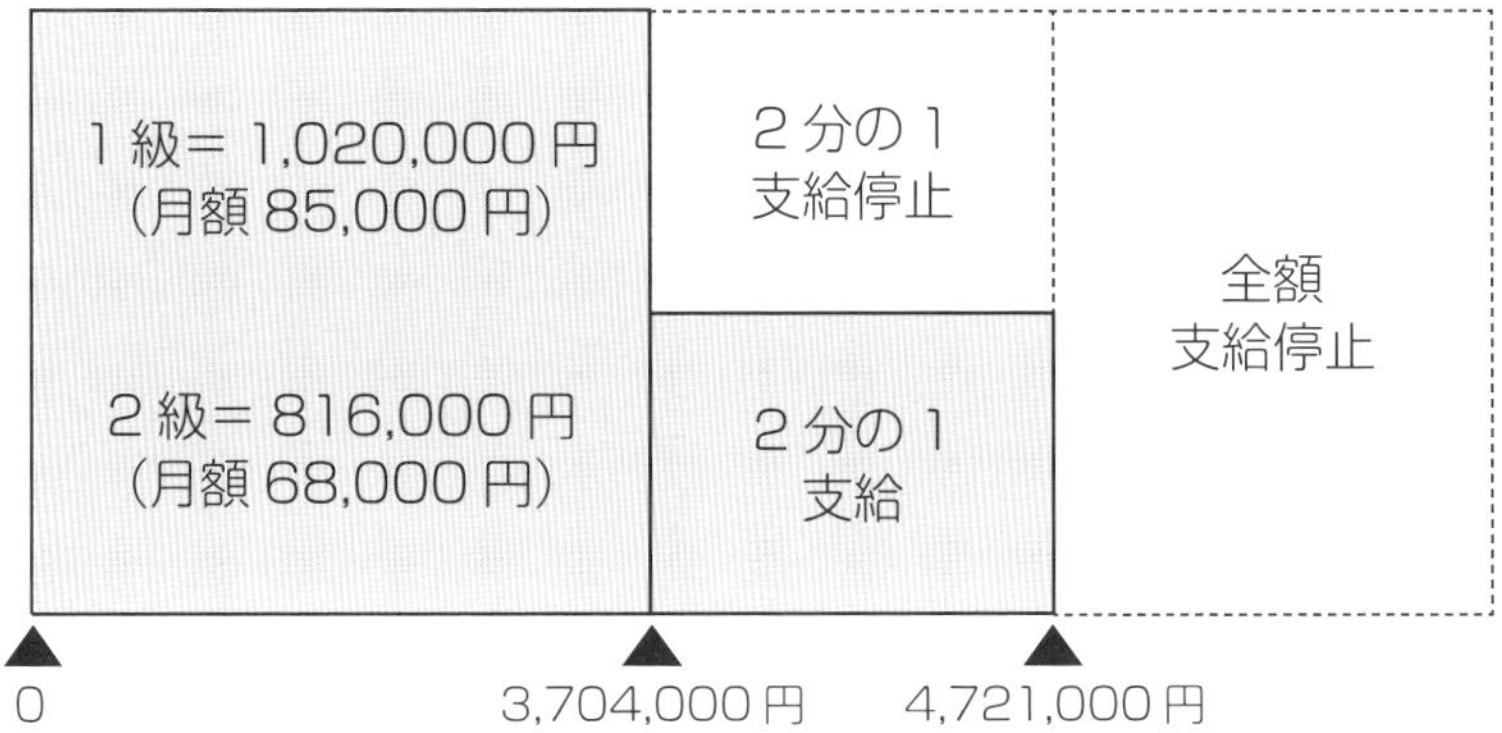
1級＝1,020,000円
（月額85,000円）
2級＝816,000円
（月額68,000円）
2分の1
支給停止
2分の1
支給
全額
支給停止
0
3,704,000円
4,721,000円

※扶養親族がいる場合は、扶養親族1人につき所得制限額が38万円加算される。
※70歳以上の老人扶養親族については1人につき48万円、16歳以上23歳未満の特定扶養親族については1人につき63万円が加算される。
※年金制度の改正により、2020年度の支給停止期間は2020年8月分から2021年9月分までの14カ月分となる。

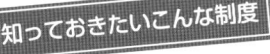

知っておきたいこんな制度

所得制限以外の理由による支給停止もある

障害年金は更新の際に症状がよくなっていて、障害の状態ではないと判断されると支給停止になることがあります。また、制限なく仕事ができるようになった場合も支給停止となります。

加えて、20歳前傷病による障害基礎年金の受給者は次のような場合も支給停止になります。

- 恩給や労災保険などの年金給付を受けるとき
- 刑事施設などの施設に拘禁（こうきん）されているとき
- 少年院などの施設に収容されているとき
- 日本国内に住所を有しないとき

年金受給のための提出書類は年金受給決定のカギになる①

障害年金の受給に大切な3つの書類

どんな公的年金も黙っていては受給できません。本人や家族が「裁定請求」という手続きをしなければ受給できない仕組みになっています。裁定とは、年金を受ける要件を満たして受給権があることを確認してもらうことです。

請求の前には、市区町村役場の年金課や最寄りの年金事務所などで準備する書類について確認しておくといいでしょう。

提出書類には有効期限が設けられているものもあります。計画的に準備しましょう。

準備する主な書類は「受診状況等証明書」「診断書」「病歴・就労状況等申立書」の3つです。

専門家からのアドバイス

発達障害が気になったら早めに受診を

発達障害は脳機能障害であって、その症状が通常低学年において現れ、日常生活や社会生活に適応する能力に制限がある状態をいいます。

ただし、発達期まではちょっと個性が強い人などと思われる程度で大きな問題にはならず、大学に入学したり、社会人になったりと自分を取り巻く環境が大きく変わったときに不適応が現れる人もいます。このような不適応が起きてから医療機関を受診すると障害の程度が障害基礎年の受給要件に該当していても、初診日が20歳以降ということで20歳前傷病による障害基礎年金に該当しないこともあります。わが子の発達や発育が気になる場合には、早い時期に医療機関や相談機関に行くことをおすすめします。

「20歳前傷病による障害基礎年金」申請に必要な書類

年金請求書	市区町村役場、または年金事務所で障害基礎年金の請求書を入手
受診状況等証明書	初診時の医療機関と診断書を作成した医療機関が異なる場合は初診日確認のために必要。初診の病院と診断書作成機関が同じ場合、また知的障害の人の場合は提出の必要はない
診断書	診断書には8種類あり、傷病や症状が出ている部位によって使用する用紙は異なる。障害認定日前後3カ月以内の状態を医師が記入する。障害認定日と年金請求日が1年以上離れている場合は、直近の診断書も必要
病歴・就労状況等申立書	発病から現在までの日常生活や就労状況について具体的に記載
年金手帳	基礎年金番号確認のために提出（所持している場合）
戸籍謄本（とうほん）または住民票	本人の生年月日、住所の確認のために提出。年金請求書にマイナンバーを記入した場合は省略できる
金融機関の通帳またはキャッシュカードの写し	金融機関名、支店名、口座名義人、口座番号がわかる預金通帳またはキャッシュカードのコピー
所得証明書	20歳前の傷病による障害基礎年金には所得制限があるため、所得額確認のため提出
印鑑	認印可

※場合によって、ほかの書類などが必要になる場合がある。

「受診状況等証明書が添付できない申立書」に添付できる書類の例

- 身体障害者手帳・療育手帳・精神障害者保健福祉手帳
- 身体障害者手帳などの申請時の診断書
- 生命保険・損害保険・労災保険の給付申請時の診断書
- 母子健康手帳
- 健康保険の給付記録（レセプトも含む）
- お薬手帳・糖尿病手帳・領収書・診察券（可能な限り診察日や診療科がわかるもの）
- 小学校・中学校などの健康診断の記録や成績通知表　など

年金受給のための提出書類は年金受給決定のカギになる②

それぞれのポイントを押さえて確認を

「受診状況等証明書」と「診断書」は医師に作成を依頼し、「病歴・就労状況等申立書」は本人か家族が作成します。

●受診状況等証明書

障害年金を受給するためには初診日が特定され、それが証明されなければなりません。そこで、初診日を証明する受診状況等証明書を初診の医療機関で書いてもらいます。子どものころに初診日があると、医療機関がなくなって初診日がわからないケースもあります。そこで、20歳前に初診日がある年金請求では、二番目以降に受診した医療機関の受診日から、障害認定日が20歳到達以前であることが確認でき、かつその受診日前に厚生年金の加入期間がない場合には、申請者が申立てた初診日が認められることになっています。

受診状況等証明書が書いてもらえない場合は、「受診状況等証明書が添付できない申立書」に必要事項を記入し、代わりの書類を提出します（149ページ）。

●診断書

病気やケガの状況を証明するために医師に書いてもらう書類です。眼、聴覚、肢体（したい）、精神など障害のある場所によって8種類の診断書があります。

通常の障害年金の受給であれば、診断書は障害認定日から3カ月以内に作成されたものが必要ですが、20歳前の傷病による障害基礎年金の場合は、障害認定日前後3カ月以内の状態を記入したものになっています。

診断書は、本人の日常を見ていない医師には判断が

病歴・就労状況等申立書の書き方のポイント

●先天性の知的障害の場合、初診日は出生日になるため、出生時からの状況を記載する。

●日常生活や学校において、どんな支障があるか、困っていること、トラブルなどを簡潔に記載する。

●就労している場合は、仕事の内容や援助などを具体的に記載する。

●医療機関で治療を受けている期間は、その治療内容やその後の状況を記載する。受診していない期間があれば、その理由も記載。

●入院していた場合は入院期間、転院した場合は、その理由を記載する。

●診断書の内容と申立書の内容に不整合がないように記載する。

つきかねるチェック欄もあります。日ごろから医師との関係を築いておき、家での様子や症状などを家族が正確に伝えることが大切です。

●病歴・就労状況等申立書

この書類は本人か家族が、発病から現在までの経過を3～5年ごとに範囲を区切って詳細に記載するものです。生まれつきの知的障害の場合は、幼稚園・保育園・認定こども園、小学校低学年、小学校高学年、中学生、高校生に区切って日常生活や学校での状況などを記入します。診断書ではわからない症状のほか、日常生活での支障、診療の履歴、仕事をしているなら、その職場での具体的な援助などもていねいに記入します。もし書くべき内容や書き方で迷ったら、関係している施設などに相談するといいでしょう。

すべての書類がそろったら、それぞれに矛盾がないかをチェックします。診断書では自分でできるとされているのに、申立書で介助が必要と書いてはつじつまが合わなくなります。ときには医師に診断書の訂正をしてもらう必要も出てくるでしょう。

「20歳前傷病による障害基礎年金」の請求のしかたと流れ

約3カ月後に年金証書が届く

20歳前に初診日がある人の場合、「受診状況等証明書」「診断書」「病歴・就労状況等申立書」がそろったところで「年金請求書」などとともに市区町村役場に提出します。厚生年金加入中に初診日がある人なら年金事務所に提出します。

日本年金機構で障害の認定が行われ、3カ月ほどで「年金証書」や「年金決定通知書」「年金を受給される皆様へ（パンフレット）」が自宅に届きます。これらは大切に保管しておきましょう。主治医に障害の状態の再確認が行われるような場合は、さらに時間を要することもあります。障害年金が受け取れない場合には、「不支給決定通知書」が送られてきます。

専門家からのアドバイス

障害基礎年金を受給するには詳細な記録をつける

20歳前傷病による障害基礎年金を受給するために申請時にはさまざまな書類を提出する必要があります。そのなかでも「病歴・就労状況等申立書」は一般的には親が書いて提出することになります。

ところが、誕生時に障害があると診断を受けても、元気な子どもであればその後、20歳になるまで内科などの一般的な医療機関にしかかかったことがないという場合もあります。また、障害があることがみつかるのも、医療機関や療育センターだったりなどさまざまです。

そこで子どもが利用した相談機関や福祉施設、受診した医療機関の記録を細かく記録しておくことをぜひ心がけてください。

申請から受給までの流れ

●申請書類を準備する

市区町村役場や年金事務所に相談し、必要な書類を確認する。「受診状況等証明書」「診断書」など149ページの書類を準備する。

診断書
受診状況等証明書

●「年金請求書」などの書類を窓口に提出する

必要書類を市区町村役場の窓口に提出する。障害厚生年金なら年金事務所に提出。日本年金機構で障害の状態の審査や認定が行われる。

約3カ月（障害厚生年金なら約3カ月半）

●「年金証書」「年金決定通知書」が自宅に届く

障害年金が受給できる場合は「年金証書」「年金決定通知書」などが届く。障害の等級を確認すること。障害年金が受給できない場合は「不支給決定通知書」が送付される。審査に納得がいかない場合は社会保険審査官に「不服申立て」（審査請求）を行うことができる。

約1～2カ月

●年金受給がスタート

年金請求時に指定した口座へ偶数月に2カ月分が振り込まれる。

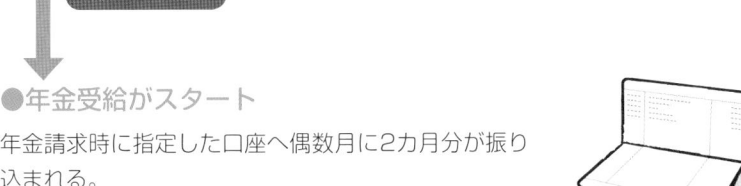

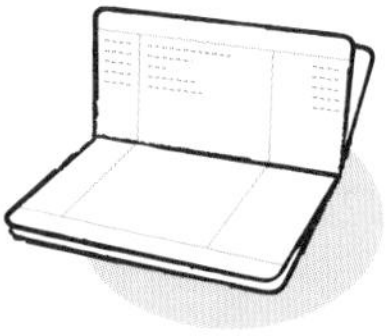

日々の生活を支える障害年金の受給額はいくら？

障害基礎年金の受給額は等級で決まる

将来、子どもの日々の生活を支える障害年金がいくら受給できるかは気になるところでしょう。

老齢基礎年金は20歳から60歳までの40年間保険料を納付すると満額の年金が受給できます。納付期間が満たない場合でも、保険料を納めた期間と保険料を免除された期間などを合計した期間が10年（120月）以上あれば受給できます。保険料納付期間によって年金額は変わります。

ところが、障害基礎年金は加入期間の長短に関係なく、受給額は障害の等級によって決まっています。

2024年度の場合、2級なら年額81万6000円（老齢基礎年金の保険料を40年間納めて受給できる金額と同じ）、1級なら年額102万円（2級の1・25倍）が受給できます。障害のある人に、18歳未満の子どもや一定の障害をもつ子どもがいる場合には「子の加算」が上乗せされます。

障害厚生年金の受給額は給与による

初診日に厚生年金に加入していれば、障害基礎年金（子の加算も含む）にプラスして障害厚生年金も受給できます。年金額は給与や加入期間によって異なります。

さらに、1級か2級の受給権が発生した当時に、その障害のある人によって生計を維持していた65歳未満の配偶者がいる場合は「配偶者加給年金」（23万4800円）も加算されます。ただし、配偶者の年収が一定額を超えると対象から外れてしまいます。

障害年金の受給額(2024 年4月現在)

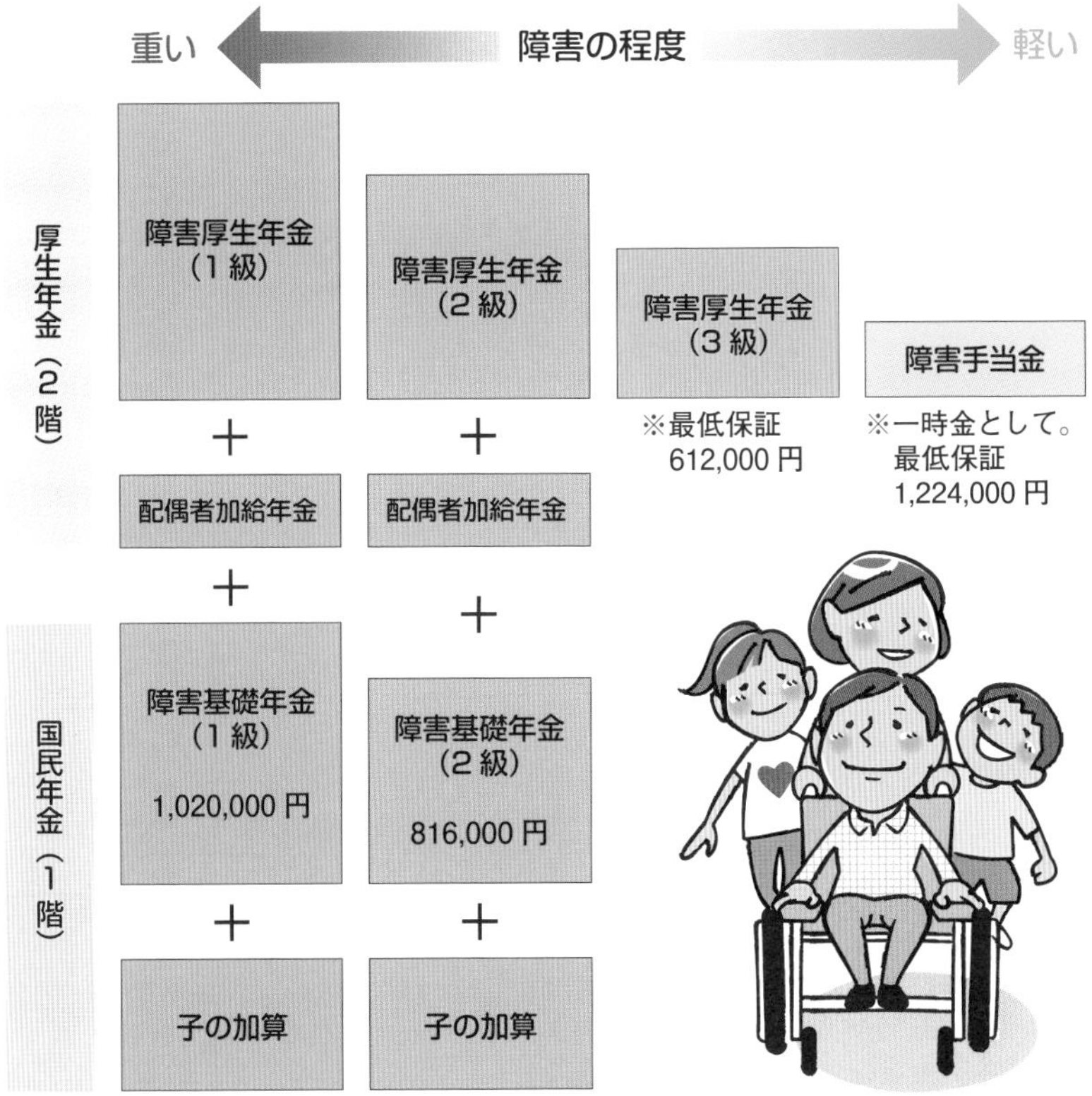
重い
障害の程度
軽い
厚生年金（2階）
国民年金（1階）
障害厚生年金（1級）
配偶者加給年金
障害基礎年金（1級）
1,020,000 円
子の加算
障害厚生年金（2級）
配偶者加給年金
障害基礎年金（2級）
816,000 円
子の加算
障害厚生年金（3級）
※最低保証
612,000 円
障害手当金
※一時金として。
最低保証
1,224,000 円

※1級または2級の障害厚生年金を受給するときは、障害基礎年金（子の加算を含む）をあわせて受給できる。

●子の加算

第１子・第２子	各 234,800 円（1 人につき）
第３子以降	各 78,300 円（1 人につき）

●子とは

- 18 歳到達年度の末日（3 月 31 日）を経過していない子
- 20 歳未満で障害等級 1 級または 2 級の障害者

障害認定日に障害等級に該当していなくてもその後症状が重くなれば申請できる

障害が重くなったら事後重症による請求を

障害年金の申請は、初診日から1年6カ月を経過した障害認定日の診断書を取得し、障害認定日から1年以内に請求の手続きを行うことになっています。これを「本来請求」（障害認定日による請求）といいます。障害等級に該当していれば、翌月から障害年金が受給できます。

しかし、障害認定日には障害等級に該当するほどの状態ではなかったので請求しなかったけれど、その後に悪化して障害等級に該当することもあります。また、障害認定日当時は症状が改善していたので通院していなかったがその後に悪化した、あるいは病院の廃院でカルテがなくなり、障害認定日時点の状態が確認でき

請求のしかたの違いと注意

	請求時期	診断書
通常の障害年金請求（本来請求）	障害認定日より1年以内	障害認定日から3カ月以内の診断書
事後重症による請求	障害日時点では該当しなかったが、その後障害が悪化して該当	請求日以前3カ月以内の診断書（請求は65歳の誕生日の前々日まで）
遡及請求	障害認定日から1年以上経過後	障害認定日から3カ月以内の診断書と請求日以前3カ月以内の診断書の2枚

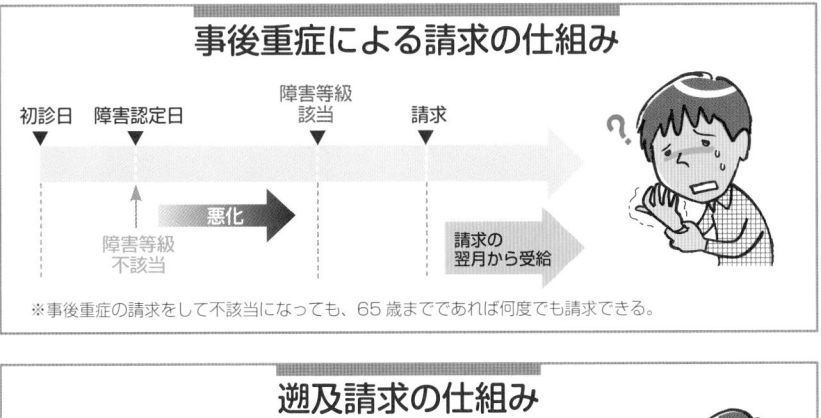

事後重症による請求の仕組み

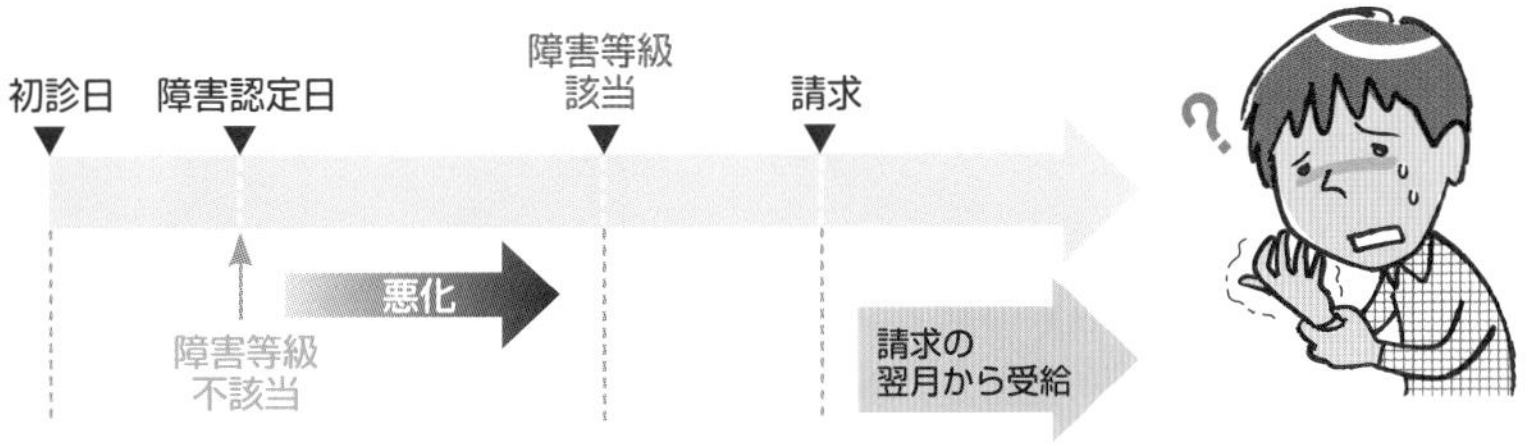
初診日
障害認定日
障害等級
該当
請求
悪化
障害等級
不該当
請求の
翌月から受給

※事後重症の請求をして不該当になっても、65歳まででであれば何度でも請求できる。

遡及請求の仕組み

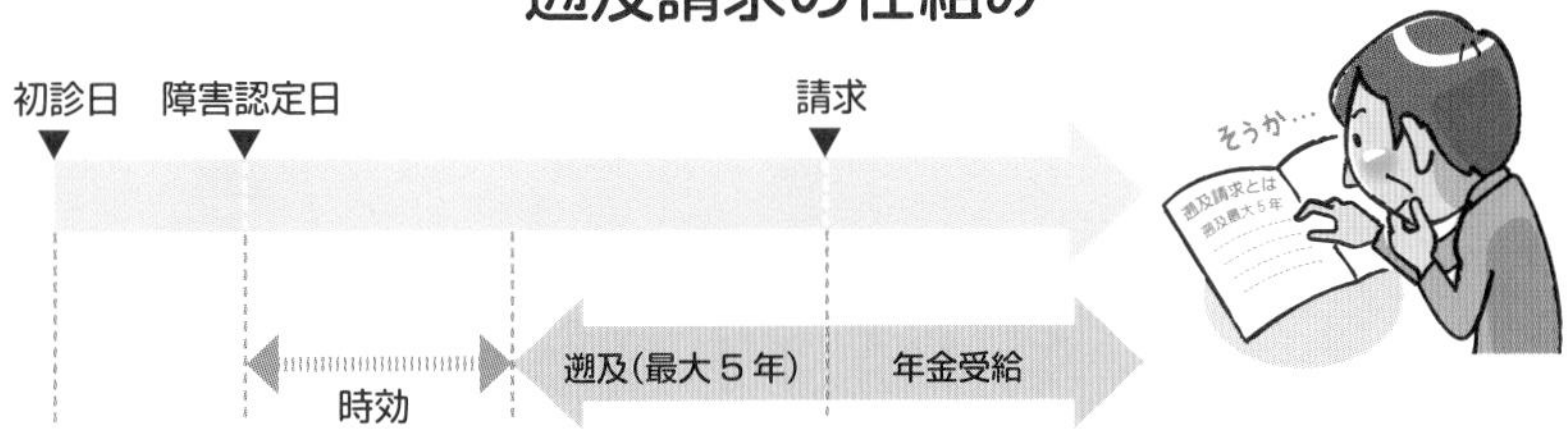
初診日
障害認定日
請求
時効
遡及（最大５年）
年金受給
そうか…
遡及請求とは
遡及最大５年

る診断書などの提出ができないために請求を断念することもあります。このような場合も、65歳の誕生日の前々日までであれば請求することができます。これを「事後重症による請求」といいます。審査に通れば、請求日の翌月から障害年金が受給できます。

傷病の状態が障害認定基準に該当しそうになったら早めに請求をしないと、遅れる分だけ年金額が少なくなってしまいます。

過去の年金までさかのぼって受給する

障害年金制度を知らなかったなどの理由で、障害認定日から1年以上経過してから障害年金の請求をすることで、障害認定日から現在までの障害年金をさかのぼって請求できる制度もあります。これを「遡及請求」といいます。この場合は、障害認定日3カ月以内の診断書と現在の診断書の2通が必要になります。このため、障害認定日の診断書が入手できるかが大きなポイントになります。なお、遡及が可能なのは過去5年分までです。

障害の認定には永久認定と有期認定がある

永久認定と有期認定の違い

障害等級が決定した後、状態が軽くなったり、重くなったりして障害等級を変更する場合があります。

手足の切断などで、状態が変化する見込みがない場合は更新（再認定）の必要はありません。このようなケースを「永久認定」といいます。

一方、障害の状態が変わる可能性がある場合は、1〜5年ごとに「障害状態確認届」（診断書）を日本年金機構へ提出することになります。このように定期的に審査されるケースを「有期認定」といいます。誕生月の3カ月前に書類が届くので、作成を主治医に依頼します。診断書は提出期限3カ月以内に作成されたものでなければなりません。診断書ができたら前回の診断書と比べてみます。もし障害の程度が軽く書かれていれば、等級が下がったり、支給停止になったりする可能性があります。医師には現在の状況をしっかり伝えることが大切です。また、提出が遅れると年金が一時差し止めとなってしまうので、期限はしっかり守りたいものです。

症状が重くなったら額改定請求を

障害年金の額は障害の程度によって異なります。もし状態が悪化してきたら障害等級を上げる「額改定請求」ができます。永久認定の人も、状態が重くなったら請求できます。請求して上の等級と認められると、請求した翌月から年金額が改定されます。もし状態が悪くなったら少しでも早く請求するといいでしょう。

額改定請求を行うときの注意

障害の程度が重くなった際には「障害給付額改定請求書」を市区町村役場や年金事務所に提出して、申立てを行う。

ポイント1

原則として1年待たないと請求できない

原則的に、以下のいずれかの日でなければ請求はできない。

❶年金を受ける権利が発生した日から1年を経過した日

❷障害の程度の診査を受けた日から1年を経過した日

ただし、障害の程度が一定の基準に該当する場合は1年を過ぎなくても請求できる。

ポイント2

等級と年齢に制限がある

3級の障害厚生年金しか受給したことがない人については65歳の誕生日の前々日まででなければ請求できない。

ここに注意！

- 額改定請求は必ず認められるわけではない。
- 額改定請求は再度審査を受けることになるため、2級の永久認定の人が1級を望んで請求したのに1級にならず、2級の有期認定になってしまうこともあり得る。

専門家からのアドバイス

就労しても障害年金は受給できる

働いていると障害年金はもらえないのではないか、と心配する親がいます。

しかし、障害厚生年金の3級では「労働が制限を受けるか、労働に制限を加えることを必要とする程度の障害」を想定しており、働くことができない状態というわけではありません。実際、働きながら障害年金を受給している人は少なくありません。

ただし、精神障害の場合は、働けるのであれば症状は軽いと判断されて不支給となってしまう可能性もあります。

ケーススタディ

遡及請求で生活資金を確保

知的障害のある
Jさん
（40歳代）

Jさんは、地元の中学校の特別支援学級卒業後に就職しました。しかし、1年に満たずに会社を辞め、以後は家族といっしょに自宅で暮らしてきました。

最近、福祉事業所に通い始めたところ、担当になった指定特定相談支援事業者（計画作成担当）から「もしかしたら障害基礎年金が受給できるのではないか」という情報を得ました。

早速、市役所の窓口に相談したところ、昔のカルテが残っているかどうかを確認するよう指示されました。Jさんの場合、幸いにも近所のかかりつけの病院に20歳以前のカルテが残っていたため、障害基礎年金の支給申請を行うことができました。結果、現在から5年間に限って、遡及請求（157ページ）が認められ、5年間分約400万円弱の年金を受け取ることができました。

今後は、障害基礎年金と福祉事業所での工賃をもとに生活設計を考えていくことになります。自立した生活を送るためには、将来に備えた貯蓄も必要です。年金はJさんにとって大きな支えとなりました。

カルテ

ケーススタディ

子どものために資産は必要？

知的障害のある
Kさん
（30歳代）

知的障害のある
Lさん
（20歳代）

就労継続支援B型に通うKさんの月の工賃は約2万円。障害基礎年金は2級を受給しており、2020年度の年金額は1カ月6万5141円です。それに障害者年金生活者支援給付金の1カ月5030円が加わり、全部で約9万円が1カ月の生活資金となります。Kさんは家族と同居しているため、金銭管理は両親が行っています。

同じ事業所で働く20代後半のLさんも家族と同居し、両親が金銭管理をしています。毎月の生活資金はKさんとほぼ同じです。

▼

Kさんの両親は年金のすべてをKさんの将来のために貯金しており、すでに10年分以上の障害基礎年金が貯蓄されています。

Lさんの場合は、自宅の増改築を行った際、将来的にLさんが兄弟といっしょに住む家になるということで、それまでに蓄えた年金をその資金に充てました。

保護者のなかには、親亡き後、兄弟姉妹に世話をしてもらうために、本人の年金や自分の資産を残したいという人がいますが、残すことばかりに気をとられていると肝心なことを忘れてしまいます。本当に大切なのは、兄弟が福祉サービスや行政と契約する際の窓口的な役割を担ったり、医療機関受診時・入院時に対応したり、障害のある兄弟の支えとなってくれたりすることです。将来、当事者がどのような生活を送るかを家族内で共有したうえで、資産について考えましょう。

ケーススタディ

安心して暮らすためには早めの準備を

知的障害のある
Mさん
（22歳）

Mさんは軽度の知的障害がありますが、パートとして働いており、将来は両親から独立して暮らしたいと考えていました。

年金があれば、余裕をもって働くことができると考えたMさんは、20歳になったらすぐに年金が受給できるようにならないものかと両親に相談していました。

Mさんの場合は20歳になったときが障害認定日となります。そこで、両親は20歳の誕生日の3か月ほど前から市役所の福祉課や年金担当課に相談に行き、申請に必要な書類を準備し、かかりつけの医師にも診断書の作成を依頼しておきました。

「病歴・就労状況等申立書」に記載する内容も、詳細に書き出しました。こうして準備したことにより、「20歳前傷病による障害基礎年金」はスムーズに受給できることになりました。

●●ケア

Mさんは、将来はグループホームに入所するつもりです。パートの賃金と年金で月々14万円ほどの生活費が得られれば、グループホームに必要な8万円程度の費用は捻出できると考えています。

パート5

親が亡くなる前に考えておきたいお金のこと

親亡き後、子どもは生活していけるの？

必要以上の資金の準備は不要

自分たちが亡くなった後の子どもの暮らしを心配する親の気持ちはわかりますが、無理をして子どもの生活資金を準備しなければならないということはありません。むしろ、障害のある人が多額の小遣いをもっていることで、不要なものまで購入してしまうこともあるといいます。

20歳前に障害を負っていれば「20歳前傷病による障害基礎年金」（144ページ）が受給できますし、「特別障害者手当」（126ページ）といった手当もあります。障害によっては働くこともできるかもしれません。

一方、支出については、障害者支援施設（198ページ）に入所していても、不足する分については補足給付によって施設に支払われます。さらに2万5000円は障害のある人の手元に残る仕組みになっています。グループホーム（200ページ）の場合は、家賃、食費、光熱費等の負担が発生します。

親が所有していた家に住むとなると、公的な支援はないので、固定資産税や家の修繕費などの支出の準備は必要になります。

国民健康保険料と介護保険料はどうなる？

国民健康保険料と公的介護保険料は負担しなければなりません。国民健康保険については収入が少ない世帯では保険料の均等割額が軽減されます。また、介護保険については、障害者支援施設や障害者総合支援法

国民健康保険料の軽減（2024年度）

世帯主と世帯に属する被保険者の前年の所得合計が下の表の所得基準以下の場合、7割・5割・2割のいずれかに軽減される。

所得基準	減額割合
43万円以下	7割
43万円＋(加入者数× 295,000円)以下	5割
43万円＋(加入者数× 545,000円)以下	2割

※ 市区町村によって独自の免除制度がある場合がある。

ここに注意！

- 所得が低い場合は自動的に適用されるが、前年の所得を申告している必要がある。
- 障害年金を受給していたり、障害者手帳をもっていたりするからといって免除されることはない。

による療養介護を行う病院などは介護保険適用外の施設となるため、届出をすればそこに入所している人は保険料を納める必要はなくなります。

もし最低限の生活ができないようであれば、生活保護を受けることも可能です。その手続きは施設などの職員が手伝ってくれるはずです。大切なのは、親が高齢になる前に子どもの将来について助言がもらえる社会福祉法人と関係をつくっておくことです。

専門家からのアドバイス

無理をしないで！

障害のある子どもに、少しでもお金を残したい、残したほうがいいと思っている親がいます。もちろん、残すお金があればいいのですが、残さなければ子どもが生活できなくなるということはありません。グループホームなどの施設に入っているなら、極端に生活の質が落ちるということもありません。生活保護を受けていれば医療費の負担はありません。子どものために無理をし過ぎないようにしましょう。

障害のある人が財産を相続するときは「障害者の税額控除」が受けられる

控除は1年間に10万円

親が自分の財産を障害のある子どもへ残したいという場合に、その子どもが次の条件を満たしていれば相続税から一定の額を控除できる「障害者の税額控除」の制度を受けることができます。

①相続や遺贈(いぞう)で財産を取得したときに日本国内に住所がある人

②相続や遺贈で財産を取得したときに障害者である人

③相続や遺贈で財産を取得した人が法定相続人であること

この制度は、相続人である障害者が85歳に達するまでの年数1年について、一般障害者なら10万円が相続税額から差し引かれるというものです。特別障害者の場合は1年につき20万円が差し引かれます。

引ききれない金額は扶養義務者が利用

ときには障害者控除額のほうが相続税額より大きいため、控除額の全額が引ききれないことがあります。たとえば、相続税額が400万円で、控除額は500万円というようなケースです。この場合は、その引ききれない部分の金額を、その障害者の扶養義務者の相続税額から差し引くことができます。つまり、障害者の世話をする人に使ってもらうというわけです。例でいえば、100万円が引ききれないので、扶養義務者の相続税額から100万円が控除できます。

扶養義務者は、実際に扶養していなければならないわけではなく、扶養義務の関係にあれば認められます。

障害者の税額控除の要件と計算方法

一般障害者とは

- 身体障害者手帳における障害等級が3級～6級の人
- 精神障害者保健福祉手帳における障害等級が2級または3級の人
- 児童相談所などで知的障害と判定された人　など

特別障害者とは

- 身体障害者手帳における障害等級が1級または2級の人
- 精神障害者保健福祉手帳における障害等級が1級の人
- 重度の知的障害者と判定された人
- つねに病床にあって、複雑な介護を受けなければならない人　など

※ 障害者手帳の交付を受けていない人も、状態によって対象となる場合がある。詳しくは税務署に確認を。

障害者控除の計算方法

相続税額（障害者分） － 障害者控除 ＝ 納税額

↓

障害者控除の計算のしかた

一般障害者	（85 歳－相続時の年齢）× 10 万円
特別障害者	（85 歳－相続時の年齢）× 20 万円

【計算例】

相続が発生したときに35歳 2 カ月だった一般障害者の場合…

（85 歳－ 35 歳 2 カ月）＝ 49 年 10 カ月 ＝ 50 年

※1 年未満の端数期間がある場合は切り上げて 1 年とする。

50 年 × 10万円 ＝ 500 万円 → **500万円が相続税額から控除される**

扶養義務者とは

- 障害者の配偶者
- 障害者の直系血族（両親、祖父母、子、孫　など）
- 障害者の兄弟姉妹
- 障害者の3親等内の親族のうち一定の人

後見人の負担を減らす「後見制度支援信託」と「後見制度支援預金」

信託銀行や銀行に資産を預ける

成年後見制度による支援を受ける人の財産のうち、生活費や施設入所のサービス利用の支払いなど、日常の暮らしに必要な資金は預貯金として後見人が管理し、それ以外の通常では使うことのない資金は信託銀行に信託しておく制度を「後見制度支援信託」といいます。

この制度は成年後見と未成年後見（未成年の監護（かんご）、財産管理などを行う）で利用できますが、保佐（ほさ）、補助、任意後見では利用できません。

信託銀行や信託する金額については専門職後見人（弁護士や司法書士など）が本人に代わって決め、裁判所の指示のもとで信託銀行と契約を結びます。

本人に収入があって日常生活で困ることがなければいいのですが、本人の収入より支出のほうが大きいことがわかっているようなら、信託している資金から生活資金口座へ定期的・自動的に資金を振り替えることもできます。

なお、信託銀行や専門職後見人への報酬が発生するため、その資金を見込んでおく必要があります。

「後見制度支援預金」は後見制度支援信託とほぼ同じ仕組みです。日々の支払いに必要な資金は預金として後見人が管理し、それ以外の資金は銀行や信用金庫などに預けておきます。

後見制度支援信託も後見制度支援預金も、資金の出し入れや口座の解約などには、その都度家庭裁判所の指示書が必要です。こうした制度により後見人の負担軽減やトラブルの回避が期待できます。

後見制度支援信託の利用の流れ

裁判所

後見開始または未成年後見人選任の申立て

▼

審理　後見を開始するかどうか、後見制度支援信託を利用するかなどを審理する。

▼

審判　裁判所が後見制度支援信託の利用を検討すると判断した場合に、専門職後見人を選任。

▼

専門職後見人

専門職後見人による検討　財産の状況や生活状況を踏まえ、後見制度支援信託を利用すべきか判断。

▼

報告書の提出　利用したほうがいい場合に裁判所に報告書を提出。

▼

信託契約を結ぶ　裁判所から発行された指示書を提出して専門職後見人は信託銀行と契約。

▼

親族後見人に引継ぎ　通常は、契約後（後見制度支援預金の場合は口座開設後）に専門職後見人は辞任して、管理していた財産を親族後見人に引き継ぐ。

後見制度支援信託と後見制度支援預金の違い

	後見制度支援信託	後見制度支援預金
後見人	専門職後見人（弁護士や司法書士など）が後見制度支援信託の利用の適否を判断し、裁判所の指示を受けて信託契約を結ぶ	専門職後見人を選任するかどうかは裁判所が判断。すでに親族が後見人となっている場合は、専門職後見人を選ばないこともある
最低受託額	金融機関によって最低受託額が定められている	基本的に最低預入の制限はない
費用	信託銀行に対する信託報酬のほか、専門職後見人に対する報酬が発生	専門職後見人がついた場合は、報酬が発生
金融機関	信託銀行など	信用金庫や信用組合など

3000万円または6000万円までが非課税で贈与できる「特定贈与信託」

使い道は生活費や治療費など

障害のある子の将来にわたる生活の安定を図るために親がまとまったお金を信託銀行に預けて管理・運用してもらい、親や親族が亡くなった後には、信託財産から障害のある子どもに生活費や医療費などが定期的に渡される制度を「特定贈与信託」といいます。この場合の親(委託者)から子(受益者)への贈与を「みなし贈与」といいます。

この制度が利用できるのは、国税庁が指定する特別障害者か特定障害者です。

特定贈与信託の大きなメリットは、信託財産のうち特別障害者では6000万円、特定障害者は3000万円までが非課税となる点です。通常であれば、生前贈与は年間110万円までが非課税で、これを超えるとその超えた部分に贈与税がかかってしまいます。特定贈与信託の制度を利用すれば一度に3000万円、6000万円までが非課税になるため節税にもなります。

亡くなるまで契約が続く点に注意

信託銀行は信託される金額に応じて信託報酬などを受け取ります。また、運用益には税金がかかります。さらに、この制度は預金保険や投資者保護基金の対象ではないため、万一金融機関が破綻(はたん)すると全額が戻ってこないこともあり得ます。

契約後は、取り消しや中途解約、受益者の変更はできないなどの制約もあります。

非課税の対象となる人と仕組み

特別障害者

- 1級または2級の身体障害者手帳所有者
- 精神障害者保健福祉手帳1級
- 重度の知的障害者
- つねに病床にあって複雑な介護が必要な精神障害者または身体障害者　など

特定障害者

- 中軽度の知的障害者
- 精神障害者保健福祉手帳2級または3級の精神障害者　など

特定贈与信託の仕組み

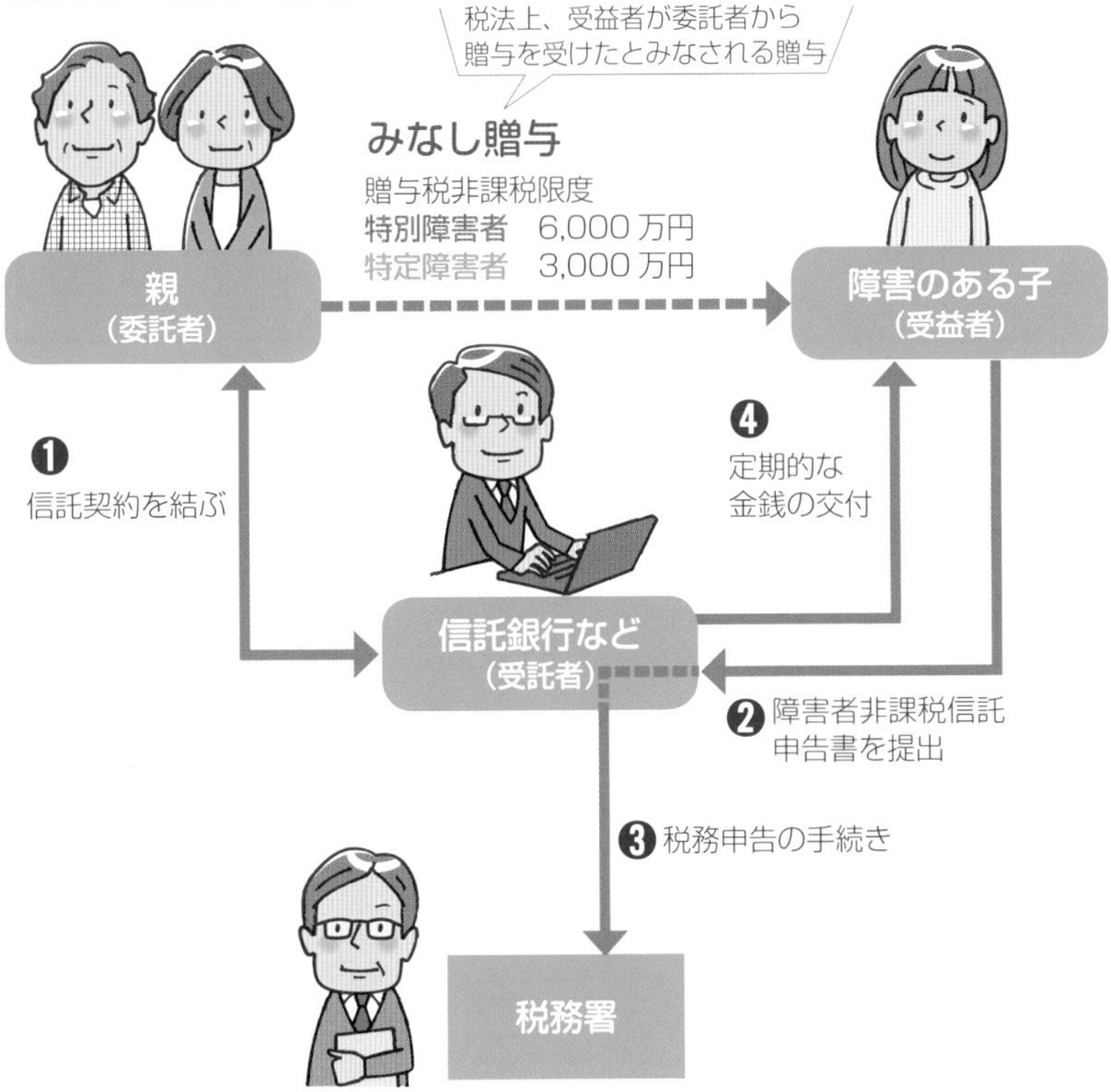
税法上、受益者が委託者から
贈与を受けたとみなされる贈与
みなし贈与
贈与税非課税限度
特別障害者　6,000 万円
特定障害者　3,000 万円
親
（委託者）
障害のある子
（受益者）
❶ 信託契約を結ぶ
❹ 定期的な金銭の交付
信託銀行など
（受託者）
❷ 障害者非課税信託申告書を提出
❸ 税務申告の手続き
税務署

障害のある子の死亡後

- 残った信託財産については受益者の相続人または受遺者（遺言によって財産を受ける人）に相続される。
- 委託者が任意であらかじめ指定しておけば、ボランティア団体や障害者団体などに寄付することもできる。

障害のある子の将来のために資産管理を家族に託す「家族信託」

親の思い通りに管理できる

「家族信託（福祉型信託）」は、障害のある子の将来の生活費や介護のための資金として、不動産や預貯金などの管理・処分を信頼できる家族に任せる仕組みです。親が生きている間は親が、親が亡くなったら兄弟姉妹などが管理の役割を担うことが多いようです。管理するのが家族ですから、家族が思うような管理が可能になります。

この制度では管理のための報酬が不要ですから、それほど資産がなくても利用することができます。家族が財産を使い込んでしまうのではという心配もありますが、司法書士や弁護士などの信託監督人をつけておけば安心です。

家族信託の仕組み

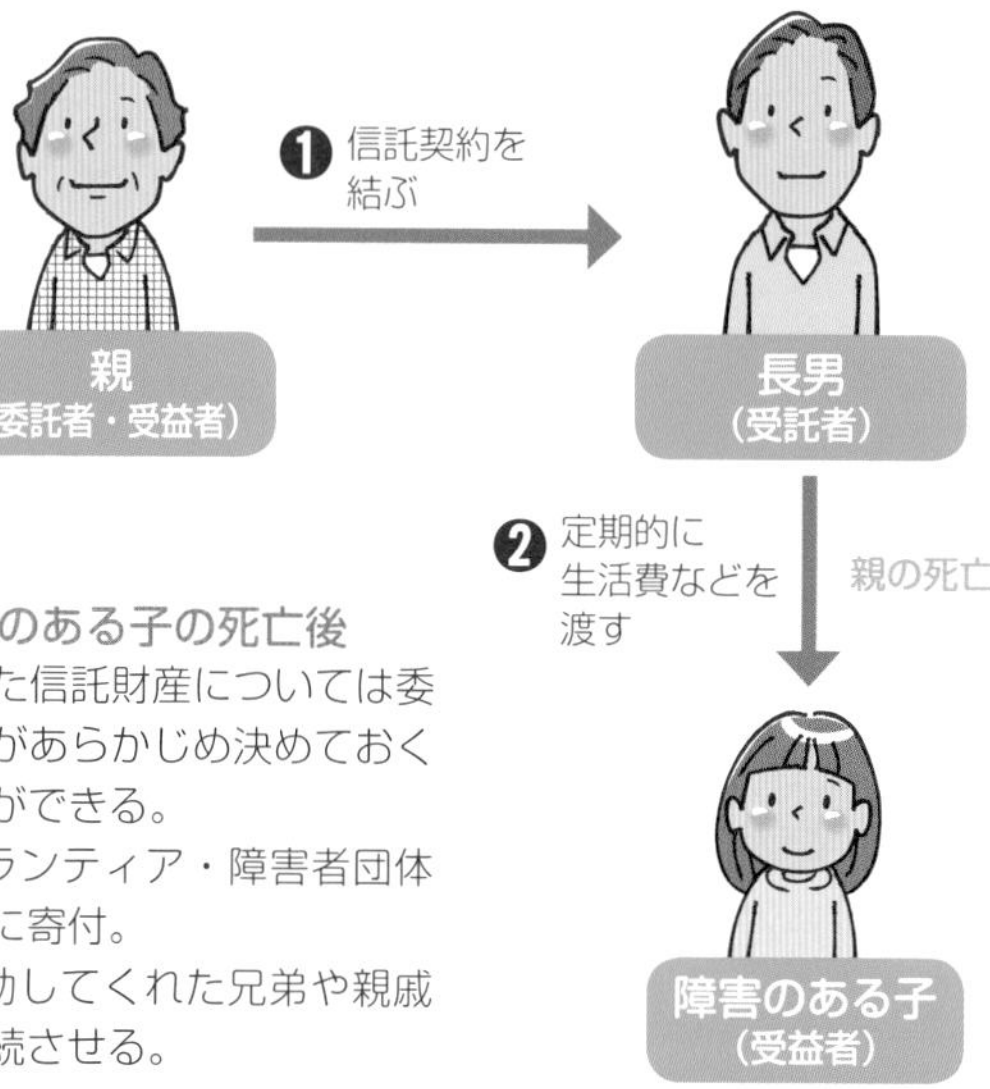
親
（委託者・受益者）
❶ 信託契約を結ぶ
長男
（受託者）
❷ 定期的に生活費などを渡す
親の死亡
障害のある子
（受益者）

障害のある子の死亡後
残った信託財産については委託者があらかじめ決めておくことができる。
- ●ボランティア・障害者団体などに寄付。
- ●援助してくれた兄弟や親戚に相続させる。

遺産分割協議なしに財産を分配できる「遺言代用信託」

遺言代用信託の仕組み

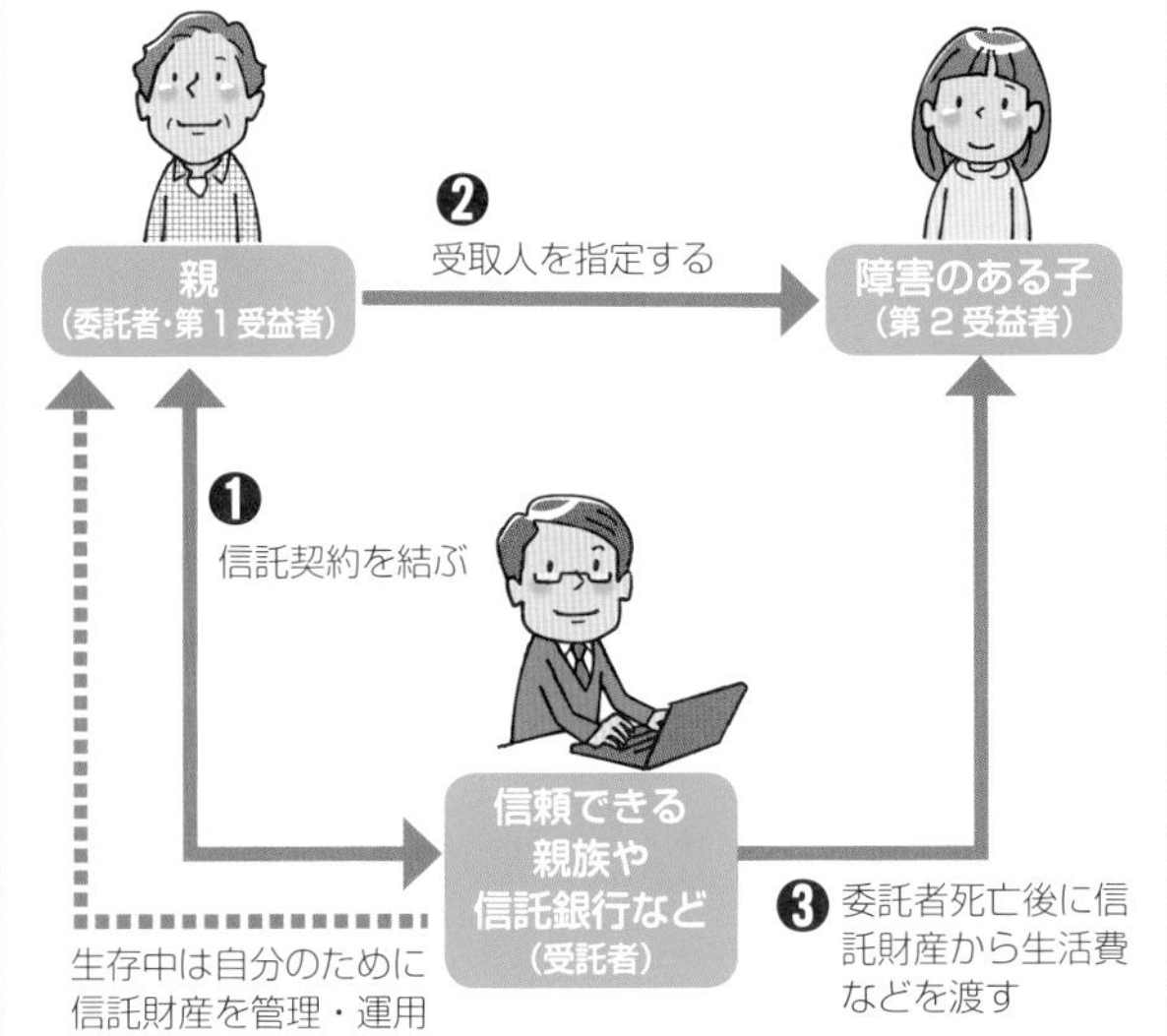
親
(委託者・第1受益者)
❷ 受取人を指定する
障害のある子
(第2受益者)
❶ 信託契約を結ぶ
信頼できる親族や信託銀行など
(受託者)
生存中は自分のために信託財産を管理・運用
❸ 委託者死亡後に信託財産から生活費などを渡す

亡くなった後、すぐに資金を移動できる

通常、相続の手続き(遺産分割協議)が終わってからでなければ、家族といえども亡くなった親の預貯金を引き出すことはできません。

しかし、「遺言代用信託」は遺産分割協議を行う必要がないため、生存中に自分の財産を信頼できる人や信託銀行などに託し、「自分が亡くなった後に子どもの生活費として毎月いくら振り込む」などと決めておけば、託された人から速やかに指定された子どもの口座にお金が振り込まれます。

遺言代用信託は銀行や信託銀行でも商品のひとつになっています。金融機関によって手数料や運用報酬は異なります。事前に確認しておきましょう。

親の財産を障害のある子固有の財産として残せる「生命保険信託」

生命保険信託の仕組み

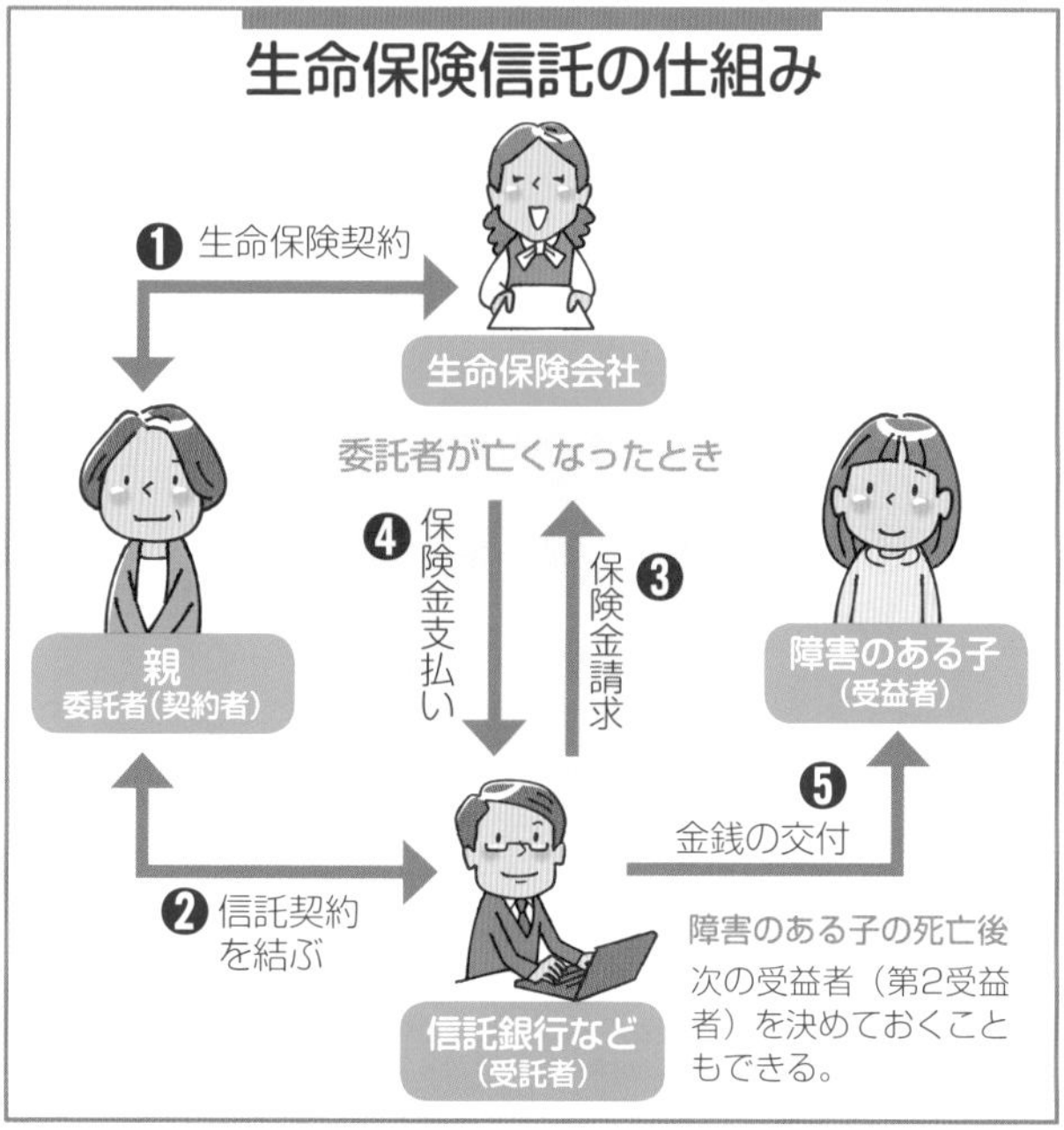
❶ 生命保険契約
生命保険会社
親
委託者（契約者）
委託者が亡くなったとき
❹ 保険金支払い
❸ 保険金請求
障害のある子
（受益者）
❺ 金銭の交付
❷ 信託契約を結ぶ
信託銀行など
（受託者）
障害のある子の死亡後
次の受益者（第2受益者）を決めておくこともできる。

生命保険は遺産分割協議の対象外

「生命保険信託」とは信託銀行などが生命保険の受取人になり、親の死亡保険金を受け取って、生前に決めておいた子どもに、決めておいた方法で財産を渡すものです。生命保険は遺産分割協議の対象にはならないため、その子固有の財産として残すことができます。

子どもの判断力に心配がある場合には、子どもをサポートする「指図権者（さしずけんしゃ）」を決めておくこともできます。指図権者は信託財産の管理や運用などについて受益者に指図することができる権利をもつため、成年後見人のような役割を果たします。この信託を扱っている生命保険会社のなかには、社会福祉法人を指図権者にできるものもあります。

手頃な掛金で生涯にわたり年金が受け取れる「障害者扶養共済制度」

障害のある子の要件

以下の障害があり、将来独立自活することが困難と認められる（年齢は問わない）。

❶知的障害
❷身体障害者手帳を所持し、その障害が1級から3級までに該当する
❸精神または身体に永続的な障害のある人（統合失調症、脳性麻痺（まひ）、進行性筋萎縮症（きんいしゅくしょう）、自閉症、血友病など）で、その障害の程度が❶または❷の人と同程度と認められる

ポイント！

- 親が65歳未満で健康であれば加入でき、掛金の全額が所得控除の対象になる。
- 生活保護や障害基礎年金を受給していても受け取れる。

親の年齢で掛金は決まる

「障害者扶養共済制度」は、障害のある子を育てている親が毎月掛金を納めることで、親が亡くなったり重度障害になったりしたときに、障害のある子どもに対して終身にわたって一定の年金が支給されるものです。

掛金の月額は親の加入時の年齢に応じて決まり、1口の加入で月額2万円が受給できます。ちなみに、親の年齢が35歳未満の場合の月額の掛金は9300円です（2021年2月現在）。さらに、次の2つの要件の両方を満たせば、掛金は免除されます。

①年度初日（4月1日）の保護者の年齢が、65歳となったとき
②加入期間が20年以上となったとき

生活に困窮したら「生活保護」を受けることもできる

保護費は年齢や世帯人数によって異なる

生活ができないほど困窮すれば「生活保護」を受給するという手段があります。

生活保護を受けられるのは、上の表のように主に4つの要件を満たしていることが条件で、世帯収入が「最低生活費」より少ない場合に、最低生活費から収入を差し引いた差額が「保護費」として支給されます。最低生活費は厚生労働省が毎年算定している生活費で、住んでいる地域や世帯の人数、障害の有無などを考慮して決められます。

生活保護費は左の表のように生活扶助、住宅扶助など8つの種類に分けられており、審査によって必要と判断された費用だけが支給されます。

生活保護が受けられる要件

預貯金などの資産をもっていない
預貯金、生命保険、高級車、土地・建物などがあれば解約・売却して生活費に充てる。

働くことができない
働くことが可能な人は、その能力に応じて働くことが求められる。

国からの公的融資や制度を利用しても生活費が足りない
年金や手当などのほかの制度で給付される場合はそれらを先に活用する。

親、兄弟などから援助を受けられない
親族などから援助を受けられる場合は援助を受ける。

保護の種類と内容

生活を営むうえで生じる費用	扶助の種類	支給内容
日常生活に必要な費用 （食費、光熱費、被服費など） 	**生活扶助**	食費、 光熱水費など
アパートなどの家賃 	**住宅扶助**	定められた範囲内で実費を支給
義務教育を受けるために必要な学用品費 	**教育扶助**	定められた基準額を支給
医療サービスの費用 	**医療扶助**	本人負担なし
介護サービスの費用 	**介護扶助**	本人負担なし
出産費用 	**出産扶助**	定められた範囲内で実費を支給
就労に必要な技能の修得などにかかる費用 	**生業扶助**	定められた範囲内で実費を支給
葬祭費用 	**葬祭扶助**	定められた範囲内で実費を支給

※ 制度を利用する際には、最寄りの福祉事務所に相談を。

ケーススタディ

親亡き後のために自宅を売却

知的障害と
精神障害のある
Nさん
（34歳）

Nさんは両親との3人暮らしでした。3年前に父親ががんで他界し、同時期に母親にもがんがみつかりました。

母親のがんの進行が早く、入退院を繰り返していたため、支援者のすすめでNさんはグループホームに入所することを前提に、その環境に慣れるようグループホームのショートステイを利用していました。

母親は自分の病状を考え、早くNさんの生活を安定させたいと考えました。

▼

Nさんの母親は、早々にNさんがグループホームに入所できるよう支援者に依頼しました。また、自分とNさんの生活の安定を考えて自宅を売却することにしました。

さらに、市の福祉課と支援機関に今後の生活について相談し、成年後見制度を利用して司法書士に財産の管理などを依頼することにしました。これでNさんも落ち着いて生活できるようになりました。

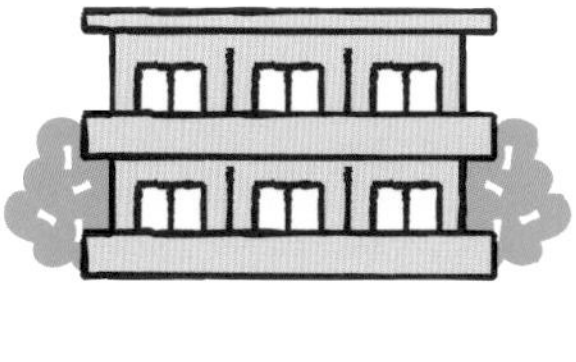

とくに知的障害のある人が高齢になっても安心して暮らすためには、お金の管理や住まいをどこにするかについて、親の判断能力があるうちに考えておくことが大切です。

ケーススタディ

シェアハウスで自立

発達障害のある
Oさん
（22歳）

子どものころから親と馴染めず、将来は自立したいと考えていたOさんは、20歳になると公的年金を受給し、福祉施設でアルバイトも始めました。

アルバイトにも慣れたころ、ひとり暮らしを考えましたが、やはり少し不安があり、なかなか踏み出せない日々が続きました。

ところが、たまたま知り合った同じ障害のある人が、Oさんの考え方に共鳴してくれ、2人で本格的に自立へと動き始めました。

▼

アルバイト代をため、2人は一軒家を借りてシェアハウスとして暮らし始めました。

2人とも生活費は年金とアルバイト代でやりくりしています。家事も協力してやっています。子どものころは学校に馴染めなかったOさんですが、ここではとても楽しく共同生活を送っています。

Oさんは、いつまでも親の世話になっていることが不安でしたから、自立することによって、自分の心の安定も得られたといいます。

借りている一軒家にはまだ部屋があるため、将来はいっしょに暮らす仲間を増やしてもいいと考えています。

ケーススタディ

生活の術を教えておきたい

知的障害のある
Pさん
（35歳）

Pさんは軽度の知的障害がありますが、前々からひとり暮らしをしたいと考えており、両親を説得して自宅から近くのアパートを借りて住み始めました。

ところが、間もなく自治会の会計の役目が回ってきてしまいました。Pさんには断る術がなく二つ返事で受けてしまい、結局周りに迷惑をかけることになってしまいました。周りに住む人は、Pさんに障害があるとは気づかなかったようです。

▼

近くに住む母親が、Pさんの状況を知ったのは支援員からでした。Pさんが身近な支援員に話したことから、状況が明らかになりました。

母親はPさんが日常生活に困らないように掃除や洗濯のしかたを教えていました。しかし、地域との付き合い方や他人が突然訪れたときの対処方法などは教えていませんでした。障害のある人が生活するうえで大切なのは、地域との付き合いやコミュニティのつくり方だったと気づかされました。

Pさんは、今では、書類を渡されたらまず母親か支援員に見せるようになっています。また、母親といっしょに近所の商店街に買い物に出かけ、地域の人と交流することで障害への理解を得るようにしています。

これからは、美容院や趣味など自分のためのお金の使い方も教えなければいけないと母親は感じています。

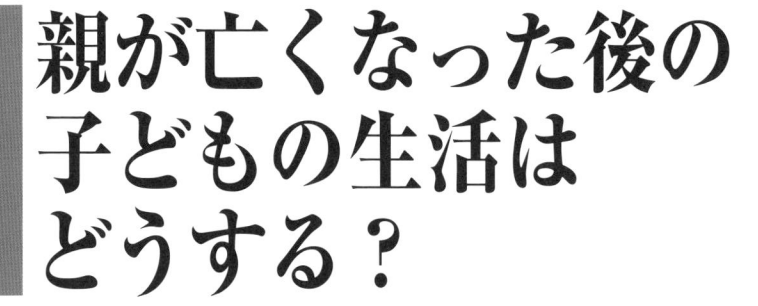

パート6 親が亡くなった後の子どもの生活はどうする？

財産管理や契約の権利を保護・支援する「成年後見制度」

親なき後のための成年後見制度

親が亡くなった後、障害のある子の財産の管理、契約などはどうするのか。

もちろん、自己管理ができる人であれば問題ありません。しかし、判断能力が不十分な人や、将来的に判断能力が低下する可能性がある人は、その人の不利益にならないよう、サポート体制を整えておく必要があります。その代表的な制度が、「成年後見制度」です。

この制度では、家庭裁判所に申立てをして援助者を選びますが、選ぶ時点で本人に判断能力が不足している場合は「法定後見制度」を、将来、本人または親自身の判断能力が不十分になったときに備える場合は「任意後見制度」を利用します。

法定後見制度は「後見」「保佐（ほさ）」「補助」に分かれており、本人の判断能力の程度によって援助者が「成年後見人」「保佐人」「補助人」の3種類から選ばれ、それぞれ与えられる権限が異なります。任意後見制度では、将来のためにあらかじめ援助者である「任意後見人」を決め、公正証書で契約をしておきます。

法定後見制度の申立てに当たっては、ケアマネージャーやケースワーカーなどの福祉関係者に作成してもらう「本人情報シート」や、主治医に作成してもらう家庭裁判所指定の「診断書」が必要になります。

診断書には「判断能力についての意見」欄があり、医師がここにチェックを入れます。これを目安にして、後見、保佐、補助のいずれに申立てるかを検討し、裁判所に申立てます。

成年後見制度はこんな制度

成年後見制度は2つ

法定後見制度
すでに判断能力が不十分なとき

任意後見制度
判断能力が不十分になったときに備えて準備したいとき

判断能力に応じて
後見　**保佐**　**補助**　に区分される

後見・保佐・補助の違い

	後見	保佐	補助
本人の判断能力	欠けているのが通常の状態	著しく不十分	不十分
成年後見人等が同意または取り消すことができる行為（同意権・取消権）	日常の買い物などの生活に関する行為を除く原則すべての法律行為	土地・建物を貸したり返してもらったりすること、借金、贈与、相続の承認や放棄、新築・改築・増築などの重要な財産行為（民法13条1項の重要な財産行為）	土地・建物を貸したり返してもらったりすること、借金、贈与、相続の承認や放棄、新築・改築・増築などの重要な財産行為（民法13条1項の重要な財産行為）の一部に限られる（本人の同意が必要）
成年後見人等が代理することができる行為（代理権）	財産に関するすべての法律行為	申立ての範囲内で裁判所が定める特定の行為（本人の同意が必要）	申立ての範囲内で裁判所が定める特定の行為（本人の同意が必要）

●同意権　本人が重要な法律行為を行う際に、その内容が本人に不利益がないかを検討し、問題がない場合に後見人等が同意する権限。
●取消権　本人が後見人等の同意を得ずに行った重要な法律行為を無効なものとして取り消す権限。
●代理権　本人に代わって契約などの法律行為ができる権限。

成年後見人とはどんな人？どんな仕事をしてくれる？

成年後見人の仕事は主に2つ

成年後見人等（成年後見人・保佐人・補助人）の主な仕事としては、次のものが挙げられます。

①本人の預貯金の出し入れや不動産の管理

②本人のために診療・介護・福祉サービスなどの利用契約を結ぶなどの法律行為

いずれも、本人の意思を尊重し、健康状態や生活状況に配慮しながら、財産の管理や必要な契約の手続きをサポートすることが基本となっています。ただ、財産管理といっても本人に代わって株や債券などを運用したり、本人所有の財産を借りたり贈与したりすることなどはできません。また、介護をしたり、買い物をしたりするなど日常生活に関わる支援もできません。

専門家からのアドバイス

認知機能が十分でない人が利用できる「特定援助対象者法律相談援助」

これまで、法テラス(日本司法支援センター)の法律相談は本人からの申し込みが前提で、経済的に困っている人が対象であったため、利用しにくいという面がありました。

しかし、2018年1月から、認知機能が十分でないために権利が妨げられている人で、法的支援を自ら求めることがむずかしい人を対象に、資力にかかわらず法律相談が利用できるようになりました。この制度を「特定援助対象者法律相談援助」といいます。支援者から法テラスへの申し込みが前提で、自宅や福祉施設などで相談が受けられます。

成年後見人等が行えること

●**財産管理**

・現金、預貯金の管理
・日々のお金の管理
・公共料金、介護保険料などの支払い
・不動産の管理
・年金などの受領
・株式や有価証券などの金融商品の管理
・税務処理（確定申告、納税など）

●**身上監護**（しんじょうかんご）

・入退院の手続き、医療費の支払い
・施設への入所・退所契約
・介護などが必要になったときの手続き

成年後見人等の仕事に含まれないこと

●日用品の購入

●食事や排泄の介助、病院への送迎など

●医療行為への同意

●身元保証人、身元引受人、入院保証人などへの就任

●本人の住居を定めること

●婚姻、離婚、養子縁組・離縁、認知などの代理　など

あーん

成年後見人には誰がなる？

成年後見人等は家庭裁判所が決定

成年後見人等（成年後見人・保佐人・補助人）は、障害者本人の支出と収入を把握したうえで、中長期的な見通しを考えて収支計画や看護・医療の計画を立てます。そのため、成人後見人等になった当初には財産目録をつくったり、年間収支の見込みをつくったりして、家庭裁判所に提出します。

成年後見人等を誰にするかは、家族で相談したうえで、家庭裁判所に候補者を提出することができます。

この候補者は家族や親族でもいいのですが、最終的に決定するのは裁判所になります。たとえば、障害者本人がかなりの財産を所有している場合などは、候補者以外の専門家（弁護士、司法書士、社会福祉士など）を選任することもあります。これに対する不服申立てはできません。

後見人を監督する後見監督人が付くことも

障害のある人をサポートするはずの成年後見人や保佐人、補助人が、ときには財産を着服するなどの不正を働くこともあります。そこで、家庭裁判所は、成年後見人等が適切に財産を管理しているかを監督するため、1年に1回程度、財産や生活状況などについて報告書を提出するよう求めています。

さらに家族などの希望や裁判所の判断で、後見人を監督する人として、任意で「後見監督人」を選任することもできます。このような制度によって障害のある人も安心して暮らすことができます。

成年後見人の仕事

最　初　に

①財産目録をつくる
本人の財産の状況などを明らかにして、成年後見人選任後1カ月以内に、家庭裁判所に財産目録を提出。

②今後の予定を立てる
本人の意向を尊重し、本人にふさわしい暮らし方や支援のしかたを考え、財産管理や介護、入院などの契約について、今後の計画と収支予定を立てる。

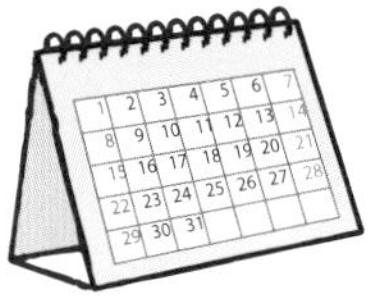

日常では

●本人の財産を管理する
本人の預金通帳などを管理し、収入や支出の記録を残す。

必要に応じ

●本人に代わって契約を結ぶ
介護サービスの利用契約や、施設への入所契約などを、本人に代わって行う。

●裁判所に報告する
家庭裁判所に対して、成年後見人として行った仕事の報告をし、必要な指示を受ける。

裁判所

法定・任意後見人になれない人

以下に当てはまる人は、後見人の仕事をする意思があっても、選任されることはない。

- 未成年者
- 家庭裁判所で成年後見人、保佐人、補助人を解任されたことがある人
- 破産者
- 被後見人に対して訴訟をしているまたは訴訟したことのある人、ならびにその配偶者と直系血族
- 行方不明の人

成年後見制度を利用するための手続きの流れと費用

準備する書類には費用もかかる

成年後見人を利用するには、利用する本人が住んでいる地域の家庭裁判所に申立てをする必要があります。申立てできるのは、本人、配偶者、四親等内の親族ですが、身寄りのない人などは市区町村長が申立てできることになっています。

申立てをするには、次ページのようにさまざまな書類が必要です。また、印紙代などの費用もかかります。

さらに、本人の精神状態を鑑定する場合があります。その際には診断書とは別に裁判所が医師に依頼します。医療機関によって異なるため金額の幅が広く、5万～10万円程度の鑑定費用がかかります。

詳細は、家庭裁判所で確認することができますが、まずは障害がある人が住んでいる市区町村の社会福祉協議会に相談するといいでしょう。

成年後見人等には報酬が必要

成年後見人、保佐(ほさ)人、補助人、後見監督人に対しては、被後見人の財産から報酬が支払われます。ただし、報酬額は法律で決まっているわけではありません。申立てをした際に、裁判官が仕事の内容や被後見人の財産などを考慮して決めます。

たとえば、成年後見人が通常の仕事をした場合の目安額は月額2万円です。管理する財産が多く、1000万～5000万円以下の場合は3万～4万円、5000万円を超える場合には5万～6万円が目安となります。

成年後見制度を利用する際の費用と書類

費用

申立て手数料	800円分の収入印紙（※）
登記手数料	2,600円分の収入印紙
切手代	約4,000円分
鑑定料	5万～10万円程度（申立て後、鑑定が必要になった場合）

書類

- 申立書
- 診断書（家庭裁判所が定める様式のもの。費用は病院ごとに異なる）
- 本人の戸籍謄本（とうほん）、住民票
- 成年後見人等候補者の住民票
- 財産関係の資料コピー　など

※ 保佐や補助において、代理権や同意権を付与する審判を同時に申し立てる場合には、さらにそれぞれにつき800円分の収入印紙が必要になる。

家庭裁判所での手続きの流れ

手続き案内
後見等の開始の手続きの流れや、申立てに必要な書類について説明が受けられる（説明用のビデオやDVDの用意もある）。

↓

申立ての準備
申立書などの書類や、申立て手数料などの費用を準備。

↓

面接の予約
準備が整ったら、面接の予約をする。面接は申立人と後見人候補者に対して行う。

↓

書類の提出

↓

審問・調査・鑑定等
裁判所の職員が申立人、後見人候補者、本人から事情を聞いたり、本人の親族に後見人候補者についての意見を照会したりすることがある。また、本人の判断能力について、鑑定を行うこともある。

↓

審判（後見等の開始・成年後見人等の選任）
家庭裁判所は、後見等の開始の審判をすると同時に、もっとも適任と思われる人を成年後見人等に選任する。成年後見人が成年後見人等審判書を受領してから2週間以内に不服申立てがなければ、審判の効力が確定する。

↓

成年後見人等の仕事の始まり

判断能力が低下したときに備える「任意後見制度」

支援の開始は任意後見監督人の選任後

法定後見制度はすでに判断能力が不十分な人が利用する制度ですが、任意後見制度は主に認知症などで将来的に判断能力が低下した場合に備える制度です。

したがって、任意後見制度は障害者の親が認知症になったとき、あるいは障害のある人の判断能力が衰えたときのために検討しておく制度といえます。あらかじめ信頼できる任意後見人候補者(任意後見受任者)と、受任者に自分の代わりにしてもらいたいことを「任意後見契約」で決めておきます。任意後見契約は公正証書によって結びます。

そのうえで、本人の判断能力が低下したときに、本人や配偶者、親族などが本人の住所地の家庭裁判所に申立てをします。本人以外が申立てをする場合は、本人の同意が必要になります。申立て後に、家庭裁判所で任意後見人を監督する「任意後見監督人」が選任されると、任意後見契約の効力が生まれ、任意後見人の仕事が始まります。

法定後見制度では後見人は裁判所が選びますが、任意後見制度では自分で後見人を選ぶことができます。また、後見の内容についても自由に決めることができます。任意後見契約には、「即効型」「移行型」「将来型」の3つの契約形態があります。

即効型は契約をするとすぐに後見に入るタイプ、移行型は少しずつ後見を利用して必要になったときに本格的に利用を始めるタイプ、将来型はその名の通り将来のために契約するタイプです。

任意後見契約を作成する際の費用と書類

費用

公正証書作成の手数料	11,000 円
登記嘱託手数料	1,400 円
法務局に納める印紙代	2,600 円分の収入印紙
切手代	約 540 円
正本謄本の作成料	1 枚 250 円×枚数

書類

- ●本人の戸籍謄本（とうほん）、住民票、印鑑登録証明書
- ●任意後見受任者の住民票、印鑑登録証明書

※いずれも発行後 3 カ月以内のもの

任意後見契約を結ぶ際の注意！

- ●不利な契約をしたり、だまされてモノを買ったりした際の取消権が認められていない。
- ●任意後見契約に記載した代理権しか行使できないため、依頼したいことを明確に示しておく必要がある。

任意後見制度の 3 つの契約形態

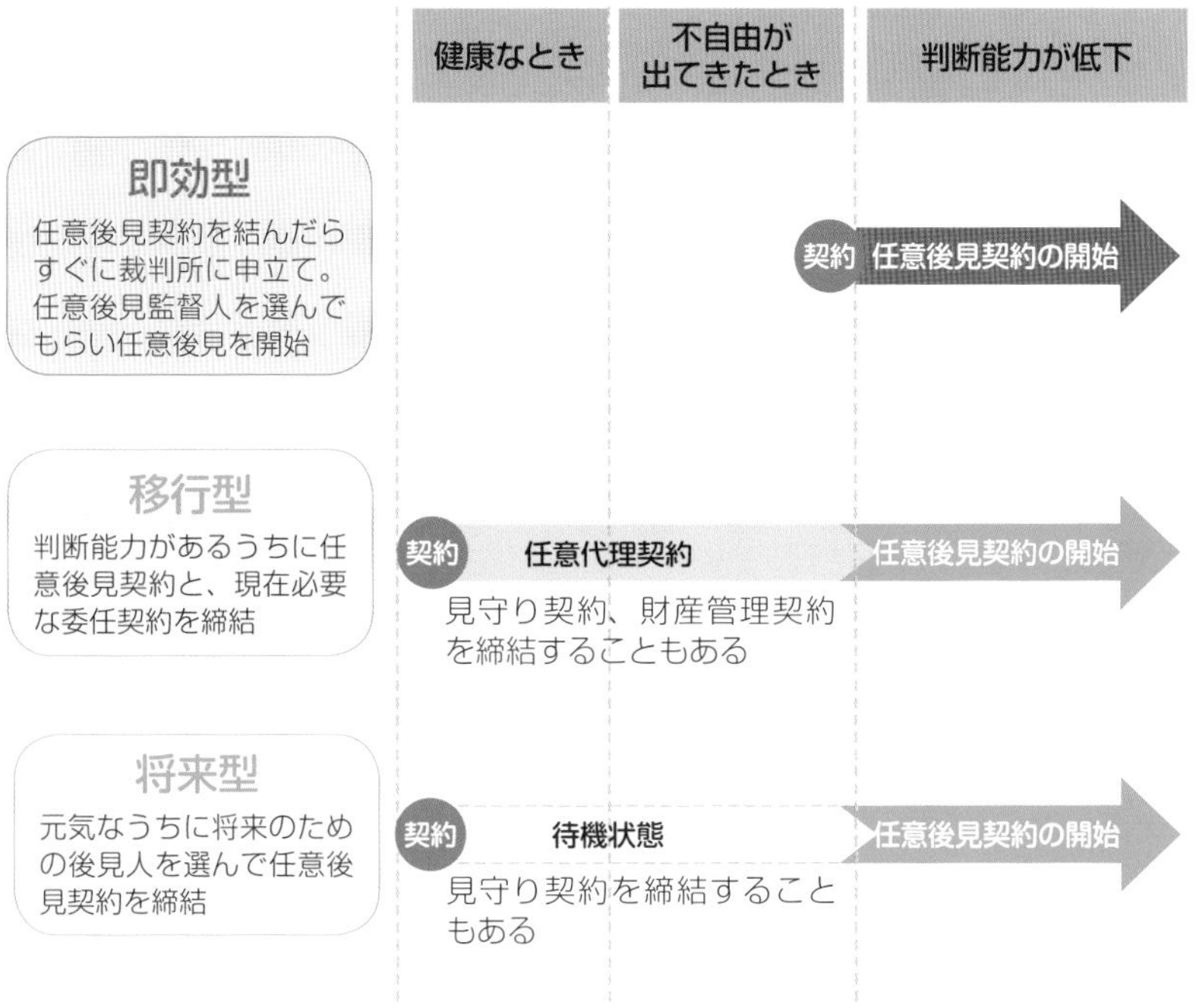

健康なとき
不自由が出てきたとき
判断能力が低下
即効型
任意後見契約を結んだらすぐに裁判所に申立て。任意後見監督人を選んでもらい任意後見を開始
契約
任意後見契約の開始
移行型
判断能力があるうちに任意後見契約と、現在必要な委任契約を締結
契約
任意代理契約
任意後見契約の開始
見守り契約、財産管理契約を締結することもある
将来型
元気なうちに将来のための後見人を選んで任意後見契約を締結
契約
待機状態
任意後見契約の開始
見守り契約を締結することもある

「日常生活自立支援事業」は福祉サービスの利用や金銭管理をサポート

社会福祉協議会が行っているサービス

障害者のある人が、地域社会で自立して生活していくために利用したいのが「日常生活自立支援事業」です。事業の主体となっているのは各地域の社会福祉協議会で、社会福祉協議会と利用の契約を結ぶと、役所や銀行の手続きや福祉サービスの契約など、ひとりだけで判断するのは不安なときに相談にのってくれたり、手続きの手伝いをしてくれたりします。このサービスは障害者手帳を取得していなくても利用できます。

支援計画に沿ったサポートが受けられる

支援してくれるのは、専門的な知識をもった専門員と生活支援員です。利用を希望する際は、社会福祉協議会に連絡をとり、本人が支援してほしいことを専門員に相談します。専門員は本人の希望をもとに「支援計画」をつくって契約までサポートしてくれます。

生活支援員は契約後に、支援計画の内容に沿って、定期的に訪問してくれ、福祉サービスの手続きや預金の出し入れなど実際のサポートをしてくれます。

ただし、利用契約の内容が理解できないなど判断能力が低下しているケースでは、成年後見制度の利用が検討されます。ちなみに、社会福祉協議会とは社会福祉活動を推進することを目的とした、営利を目的としない民間組織です。

相談は無料ですが、訪問1回で1200円程度かかります。利用料は収入や地域によって異なりますが、生活保護を受けている人（世帯）は無料です。

日常生活自立支援のサービス内容

福祉サービスの利用援助

●さまざまな福祉サービスの利用に関する情報の提供、相談
●福祉サービスの利用における申し込み、契約の代行、代理
●入所、入院している施設や病院のサービスや利用に関する相談
●福祉サービスに関する苦情解決制度の利用手続きの支援

※ 福祉サービスとは、介護保険制度などの高齢者福祉サービス、障害者総合支援法による障害福祉サービスのこと。

お金の出し入れ

●福祉サービスの利用料金の支払い代行
●病院への医療費の支払い手続き
●年金や福祉手当の受領に必要な手続き
●税金や社会保険料、電気、ガス、水道などの公共料金支払いの手続き
●日用品購入の代金支払い手続き
●預金の出し入れ、また預金の解約の手続き

日常生活に必要な事務手続き

●住宅改造や居住家屋の賃借に関する情報提供、相談
●住民票の届出などに関する手続き
●商品購入に関する簡易な苦情処理制度（クーリング・オフ制度など）の利用手続き

通帳や書類などの保管

●安全な場所で、保管を希望する通帳や印鑑、証書などの書類の保管

サービスを利用するための手続きの流れ

社会福祉協議会に連絡する ▶ 相談・打ち合わせ ▶ 契約書、支援計画の作成 ▶ 利用契約を結ぶ ▶ サービスの開始

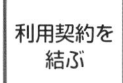

親がいなくなったら それまでの親の役割は誰がする？

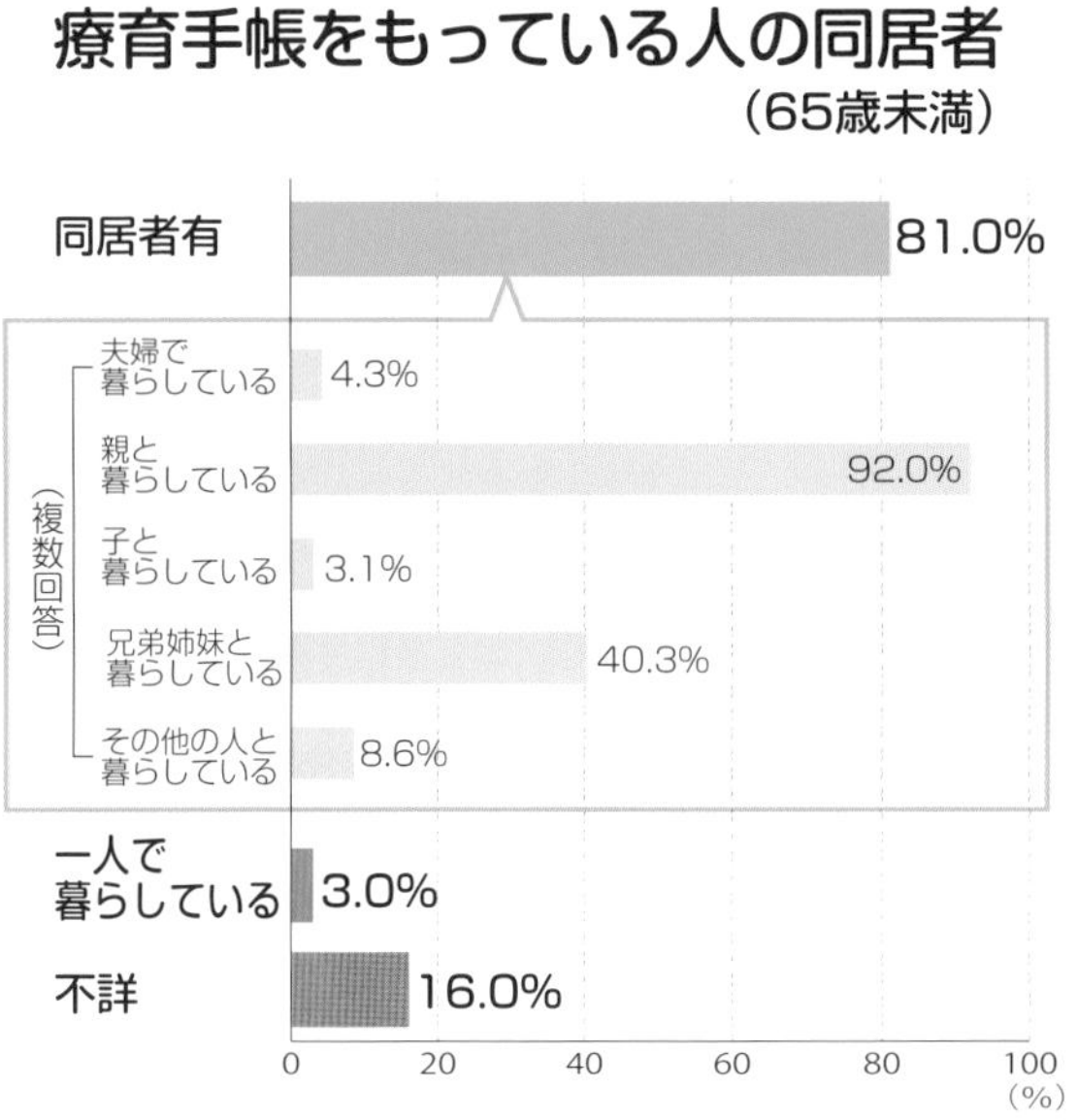
療育手帳をもっている人の同居者
（65歳未満）
同居者有
81.0%
（複数回答）
夫婦で暮らしている
4.3%
親と暮らしている
92.0%
子と暮らしている
3.1%
兄弟姉妹と暮らしている
40.3%
その他の人と暮らしている
8.6%
一人で暮らしている
3.0%
不詳
16.0%
0
20
40
60
80
100
（%）
出典：「平成28年生活のしづらさなどに関する調査」厚生労働省HP

少しずつ制度を利用するように移行

親と同居している障害者は多く、障害者手帳をもっている人の約80％に同居者がおり、そのうちの約65％は親と同居しています。療育手帳をもっている人でみると81％に同居者がおり、そのうちの92％は親と同居しています。このデータからは、長年にわたって親が支援のキーマンになっていることが予測されます。

しかし、親が高齢になったときのことを考えると、親や親族によって行われている生活支援や外出支援などは、早い段階から、少しずつ公的な制度利用などに移行していくことが大切です。とくに、知的な障害がある人では、急激な変化は混乱のもとになってしまうので、早めに対策を進めたいものです。

親の代わりになる制度など

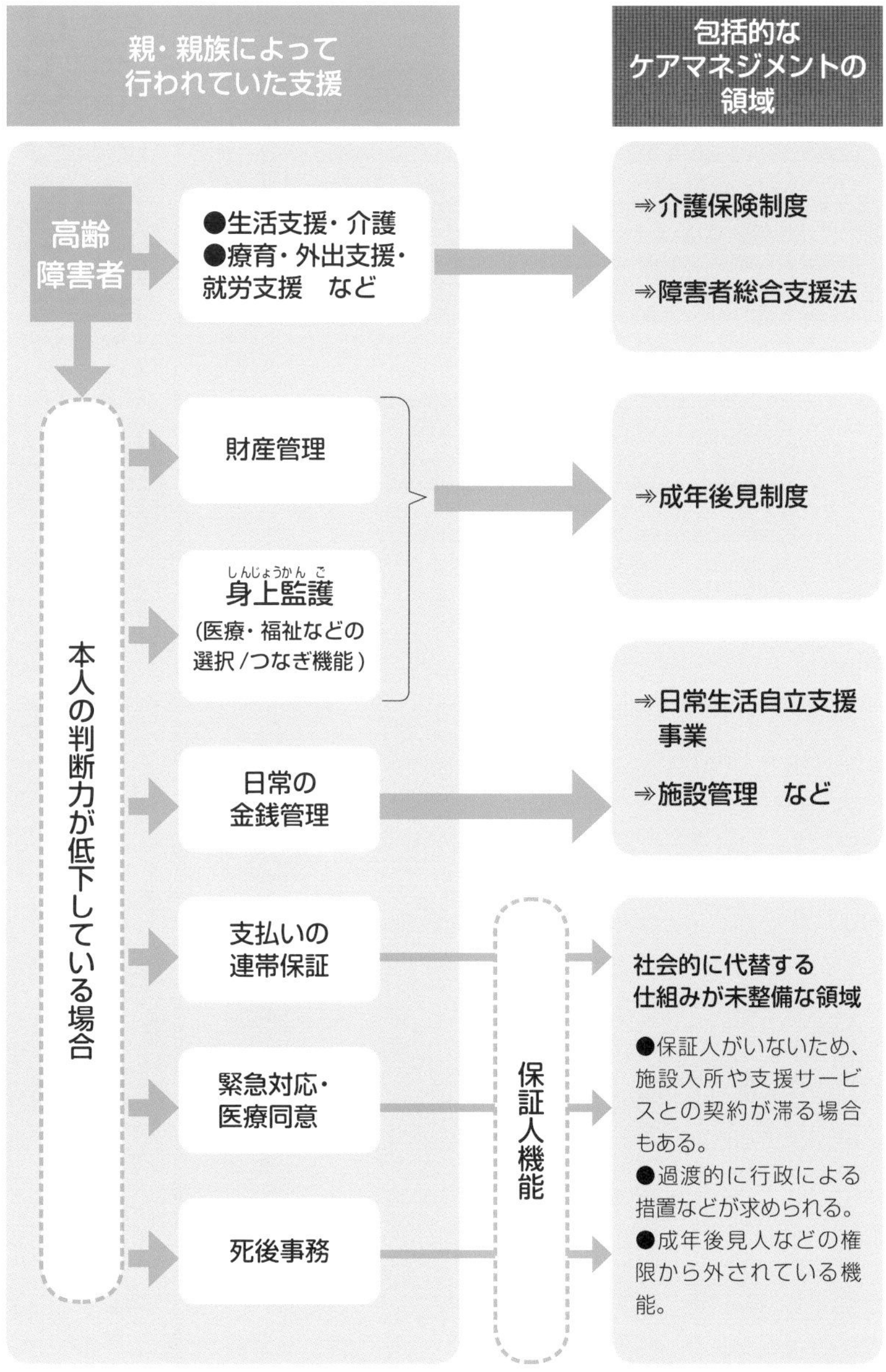
親・親族によって
行われていた支援
包括的な
ケアマネジメントの
領域
高齢
障害者
●生活支援・介護
●療育・外出支援・
就労支援　など
⇒介護保険制度
⇒障害者総合支援法
本人の判断力が低下している場合
財産管理
身上監護（しんじょうかんご）
(医療・福祉などの
選択／つなぎ機能)
⇒成年後見制度
日常の
金銭管理
⇒日常生活自立支援
事業
⇒施設管理　など
支払いの
連帯保証
緊急対応・
医療同意
死後事務
保証人機能
社会的に代替する
仕組みが未整備な領域
●保証人がいないため、
施設入所や支援サービスとの契約が滞る場合もある。
●過渡的に行政による
措置などが求められる。
●成年後見人などの権
限から外されている機能。

出典：「高齢の障害者の現状について―知的障害者を中心に―」厚生労働省 HP

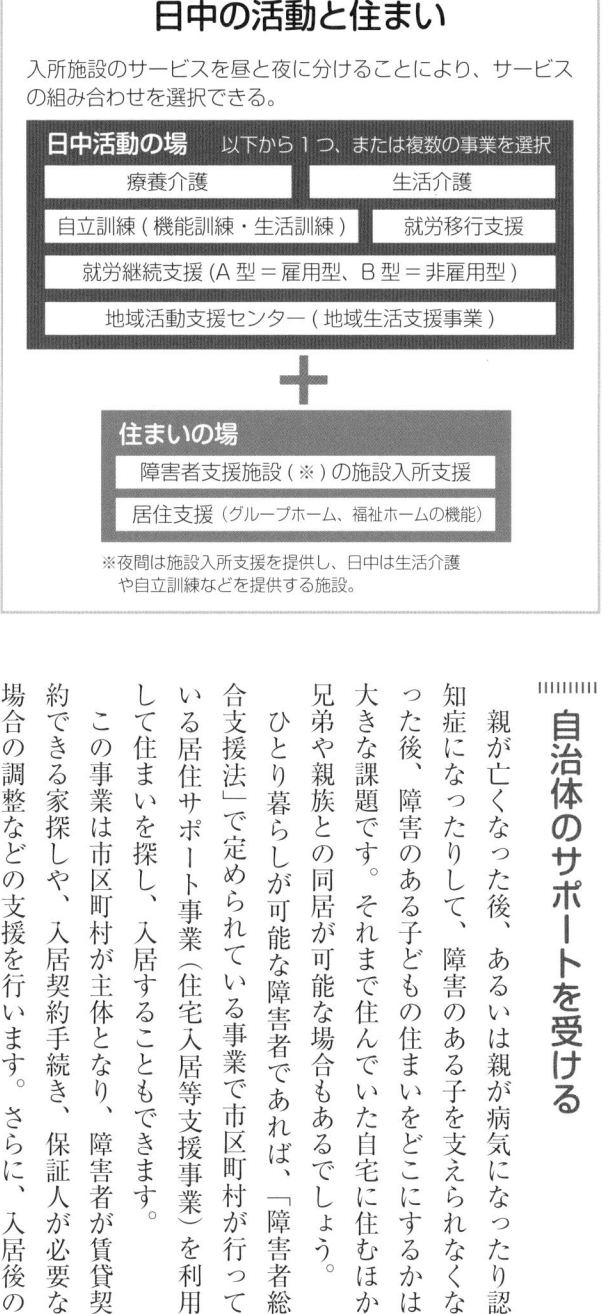

ひとりになったときはどこに住む？
自宅のほかには施設入所かグループホームがある

日中の活動と住まい

入所施設のサービスを昼と夜に分けることにより、サービスの組み合わせを選択できる。

日中活動の場　以下から１つ、または複数の事業を選択

- 療養介護
- 生活介護
- 自立訓練（機能訓練・生活訓練）
- 就労移行支援
- 就労継続支援（A 型＝雇用型、B 型＝非雇用型）
- 地域活動支援センター（地域生活支援事業）

＋

住まいの場

- 障害者支援施設（※）の施設入所支援
- 居住支援（グループホーム、福祉ホームの機能）

※夜間は施設入所支援を提供し、日中は生活介護や自立訓練などを提供する施設。

自治体のサポートを受ける

親が亡くなった後、あるいは親が病気になったり認知症になったりして、障害のある子を支えられなくなった後、障害のある子どもの住まいをどこにするかは大きな課題です。それまで住んでいた自宅に住むほか、兄弟や親族との同居が可能な場合もあるでしょう。

ひとり暮らしが可能な障害者であれば、「障害者総合支援法」で定められている事業で市区町村が行っている居住サポート事業（住宅入居等支援事業）を利用して住まいを探し、入居することもできます。

この事業は市区町村が主体となり、障害者が賃貸契約できる家探しや、入居契約手続き、保証人が必要な場合の調整などの支援を行います。さらに、入居後の

入所施設とグループホームで受けられるサービス

	施設入所支援（入所施設）	共同生活援助(グループホーム)
障害者総合支援法での分類	介護給付	訓練等給付
サービス内容	夜間を中心に排泄や入浴、食事などの介護や支援、日常生活に関する相談や助言	主として夜間において排泄や入浴、食事などの介護、その他の厚生労働省令で定めるサービス
利用対象者	障害支援区分４以上の人（50歳以上は区分３以上）など	障害者(障害支援区分の条件はなし)
スタッフの職種	生活支援員、サービス管理責任者、施設長(管理者)	世話人、生活支援員、サービス管理責任者、管理者
医療行為	ほとんどできない。服薬管理は可能（看護師や医師が常時配置されている施設は少ない）	ほとんどできない。服薬管理は可能
利用期限	とくにないところが多い	とくにないところが多い
費用	障害基礎年金の範囲で収まる。不足する場合は生活保護でサポート	施設によって料金が異なるが、障害基礎年金の範囲で収まるところも多い。不足する場合は生活保護でサポート
運営主体	地方公共団体(都道府県・市区町村)、社会福祉法人	社会福祉法人、NPO法人、株式会社など多岐にわたる

暮らしに関わる機関との連携体制づくりもサポートしてくれます。ただし、サービスの内容や利用方法は市区町村によって異なります。詳細は市区町村の窓口に問い合わせてください。

日中と夜の生活の場を組み合わせる

判断能力に問題があり、ひとり暮らしがむずかしい場合は、「施設入所支援(入所施設)」や「共同生活援助(グループホーム)」の利用が可能です。いずれも、夜間における日常生活を支援することを目的とした施設です。

対象者は、施設入所支援の場合、障害支援区分４以上の人(50歳以上は区分3以上)といった制限があるため、中度から重度の障害の人が多く、グループホームは制限が少ないため、軽度から中度の人が多い傾向があります。日中の活動場所は、本人の希望や適性に合わせ、生活介護施設や作業所、一般企業などから選ぶことができ、それに添ったサービスが受けられる仕組みになっています。

支援法

施設に入所する人に夜間のサービスを提供する「施設入所支援」

昼間は別の施設に出かける人も

「施設入所支援」は、「障害者総合支援法」で定められた障害福祉サービスのひとつです。障害者支援施設と呼ばれる入所施設で行われており、夜間を中心に排泄や入浴、食事などの介護や支援、日常生活に関する相談や助言を受けることができます。

昼間は就労移行支援事業(74ページ)などを行うために別の施設(同じ敷地内にあることも)に出かけ、夕方になると施設に戻ってくるという人も大勢います。また、休日は一般の人と同じように買い物をしたり、掃除をしたり、散歩に行ったり、なかには家族のもとに帰って過ごしたりする人もいます。

以前は、日中の活動の場が夜間の生活の場と同じ施設に併設されていることが一般的でした。しかし、最近は日中は別の場所で自立訓練や働くための訓練を行い、障害者が地域と関わりながら自立して生活することを目指す傾向にあります。

そのために行われているのが、「個別支援計画」です。利用者の意向も確認しながら個別の支援計画を作成し、計画が決定されると、それに沿った支援が実施されます。3カ月から半年に一度は、中間評価が行われ、必要があれば計画を修正し、できるかぎり自立した生活ができるよう支援します。

利用料はほとんどの人が無料

利用料は障害者総合支援法によって負担上限額が決められています(129ページ)。

ただし、収入がおおむね300万円に満たない人であれば、福祉サービスの利用料は無料になります。また、食費、水道光熱費などは実費負担ですが、これも収入によって減免措置が講じられ、利用料が無料であれば食費や水道光熱費もほとんどの人は無料になります。もちろん、個人で購入するものなどがあれば、その費用については別途必要になります。

施設入所支援が利用できる人

❶生活介護を受けている者であって障害支援区分が区分４（50歳以上の者は区分３）以上である人。

❷自立訓練、就労移行支援または就労継続支援Ｂ型の利用者のうち、入所して訓練することが必要で効果的と認められる人。

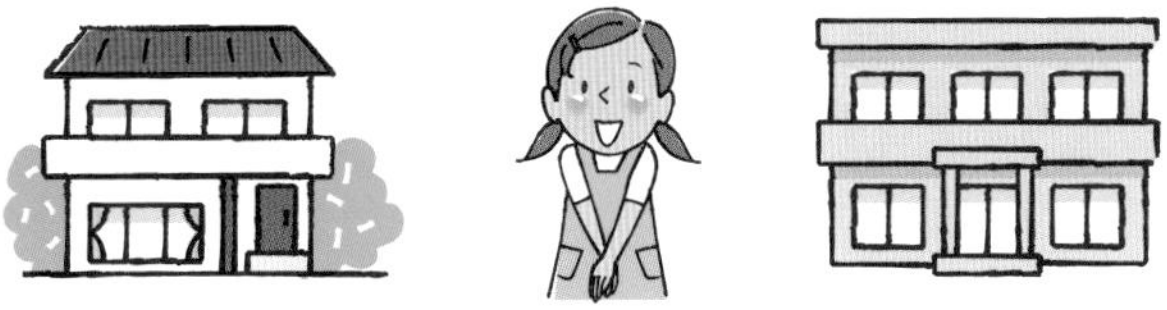

❸障害福祉サービスの提供体制の状況などやむを得ない事情によって通所による介護などを受けることが困難な人のうち、❶または❷に該当しないもしくは就労継続支援Ａ型を利用する人。

専門家からのアドバイス

納得できる施設を選ぶには

本人の希望に合ったところに入所するためには、実際に見学に行ってみることが大切ですが、かなりの時間と労力が必要です。そこで、まずは今までお世話になってきた施設の職員など、施設の実情に詳しい人に相談することをおすすめします。施設の実情も、時代によって変わってきているので、最新の情報や傾向など話を聞いたうえで、見学に行きましょう。

見学の際は、本人の希望に添っているか、スタッフの表情や雰囲気、入所者に対する人数のほか、部屋や共有スペースの清潔さや環境、地域との交流があるかなどを確認します。

地域で自立した生活を営むためのさまざまな支援の形を備えた「グループホーム」

支援法

共同生活ができる人が対象になる

「グループホーム（共同生活援助）」も施設入所支援と同じ「障害者総合支援法」で定められた障害福祉サービスのひとつです。利用できるのは、障害者（身体障害者は65歳未満の人、または65歳に達する日の前日までに障害福祉サービスもしくはこれに準ずるものを利用したことがある人に限る）や難病患者です。夜間を中心に排泄や入浴、食事などの介護、日常生活に関する支援を受けることができますが、障害支援区分の条件がない点は、施設入所支援とは異なります。

数人がひとつの施設に住み、共同生活を送る形態で、アパートのような施設や一軒家のような施設など建物はさまざまです。個室のほか、入所者がいっしょに食事などをするスペースが設けられています。できることは自分で行いながら、世話人や生活支援員に家事の補助やお金の管理などをサポートしてもらいます。

昼間はホームの外の生活介護（デイサービス）に行ったり、就労支援を受けたり、なかには一般企業に勤務したりする人もいます。

グループホームは3タイプがある

グループホームには大きく分けて、「介護サービス包括型」「外部サービス利用型」「日中サービス支援型」の3つがあります。このほかに、本体となるグループホームの近くに住居を構えて職員に定期的に巡回してもらい、食事や余暇活動はグループホームを利用する「サテライト型住居」という形態もあります。

費用は施設入所支援と同じで、福祉サービス料の負担上限額は決まっています。しかし、家賃や水道光熱費、食事（材料費など）にかかる費用はホームによってそれぞれです。家賃については、生活保護または低所得の世帯を対象に、1人当たり月額1万円を上限に補助があります。家賃が1万円未満の場合は実費、1万円以上の場合は1万円となっています。

グループホームの3つのタイプ

❶介護サービス包括型

基本的にグループホーム内で家事や日常生活の援助を行う。

❷外部サービス利用型

日常生活の相談や家事支援はグループホームの従業員が行い、排泄や入浴、食事などの支援は外部の居宅介護事業者が行う。

❸日中サービス支援型

障害者の重度化や高齢化に対応するために2018年につくられたタイプ。グループホーム内で基本的な家事や日常生活の援助を行う。❶、❷より重度の常時介護が必要な人を24時間体制で支援できるようスタッフを配置している。

専門家からのアドバイス

親元を離れるときはゆっくりと

親の都合で子どもが親元を離れることはやむをえませんが、段階を踏んで居場所を探してあげることが望ましいです。慣れ親しんだ養護学校を卒業してから新しい生活場所の日中活動になれるのは、親が思っているより時間がかかります。まずは日中生活の場所に慣れてから、ショートステイやグループホームの体験入所などの親元を離れる練習をゆっくりしていきましょう。グループホームはあまり多くありませんが、大きな変化なく慣れ親しんだ仲間がいる居場所をみつけてあげてください。

グループホームの生活は？生活費はいくらかかる？

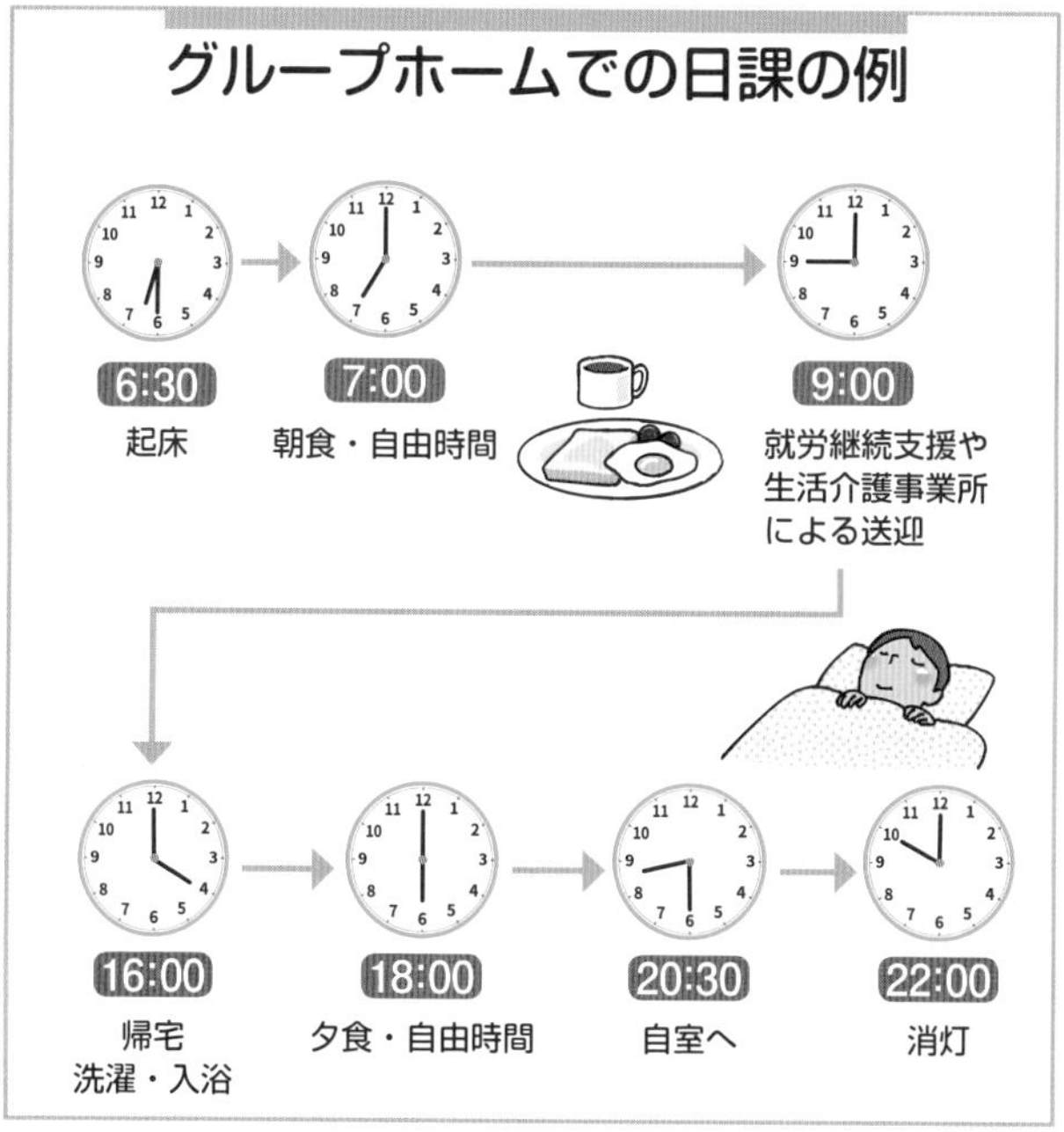
グループホームでの日課の例
6:30
起床
7:00
朝食・自由時間
9:00
就労継続支援や
生活介護事業所
による送迎
16:00
帰宅
洗濯・入浴
18:00
夕食・自由時間
20:30
自室へ
22:00
消灯

グループホームでの生活

グループホームを利用する人は２０１８年時点で12万人近くにのぼっており、年々増加の傾向にあります。

グループホームは、食事や入浴、排泄、支援の相談などを提供する障害福祉サービスのひとつで、日常生活の介護や支援を受けながら、障害のある人が共同で生活しています。入居定員は原則10人以下ですが、既存の建物を利用する場合は20人以下などの決まりがあります。

日中は、仕事をしている人、就労継続支援で事業所に通っている人、生活介護事業所に通所している人などさまざまです。

グループホームでは、おおむね表のような日課が決

グループホームで生活する場合の1カ月の利用料の例

家賃		25,000円(実質の家賃 35,000円) (特定障害者特別給付費10,000円が家賃補助として給付されるが、施設が代理受領するため利用者は 25,000円を支払う)
光熱水費		10,000円
食費		30,000円
日用品費		10,000円
その他	医療費(※)	実費
	日中活動場所での昼食代	実費
	娯楽費や衣類など	実費
合計		75,000円 +実費

※障害の程度によっては負担なし。

まっていますが、実際にどのように過ごすかは本人の自由です。帰宅後に買い物や散歩をしたり、自由時間にテレビをみたり、読書をしたり、それぞれが自分のペースで過ごすことができます。

入所するといくらかかる?

グループホームで生活するに当たり、障害基礎年金だけで生活できるかどうかは気になるところでしょう。上の表は生活にかかる1カ月当たりの生活費の一例です。その他とは、趣味や衣類などのほか、病院を受診したりする際の費用ですから、人それぞれ異なります。

たとえば、障害基礎年金2級の人の場合、2020年度の支給額が6万5141円で、これに障害者年金生活者支援給付金(年金を含めても所得が低い人の生活を支援する制度。月額5030円)を足して7万171円となっているため、年金だけでは生活費は足りません。就労継続支援などの福祉事業所での給料(作業工賃)や貯金の切り崩し、家族からの支援が必要になります。

介護保険では1カ月の支給限度額が決まっている

介護保険制度の加入は40歳から

介護保険制度は、2000年に、高齢者の介護を社会で支えることを目的にスタートしました。65歳以上の人を第1号被保険者、40歳から65歳未満で国民健康保険や健康保険などの医療保険に加入している人を第2号被保険者といいます。

運営は市区町村が主体となり、財源は税金が50%(市町村12・5%、都道府県12・5%、国25%)、残りは被保険者の保険料でまかなわれています。

加入者は毎月保険料を支払いますが、市区町村によって介護サービスに必要な費用は異なるため、その人の居住地や収入によって保険料も異なります。

利用を始めるには、住んでいる地域の市区町村の窓口へ「要介護認定」の申請をする必要があります。その後、認定のための面談などの調査があり、「要支援」「要介護」の認定を受けて、サービスがスタートします。認定の区分は7つに分けられ、1カ月に利用できる上限額が異なります。介護保険で受けられるサービスにはさまざまな種類があります(206ページ)。

利用する際の自己負担は、原則1割(一定以上の所得がある人は2割または3割)です。

第1号被保険者は寝たきりや認知症などで介護が必要な状態(要介護)や日常生活に支援が必要になったとき(要支援)に介護保険サービスを利用できます。一方、第2号被保険者は末期がんや糖尿病性神経障害など加齢を原因とする病気(16種類の特定疾病)になったときに介護保険サービスが受けられます。

1カ月の支給限度額と自己負担額

（2021年2月現在）

介護度	支給限度額	自己負担額（1割）
要支援1	50,320円	5,032円
要支援2	105,310円	10,531円
要介護1	167,650円	16,765円
要介護2	197,050円	19,705円
要介護3	270,480円	27,048円
要介護4	309,380円	30,938円
要介護5	362,170円	36,217円

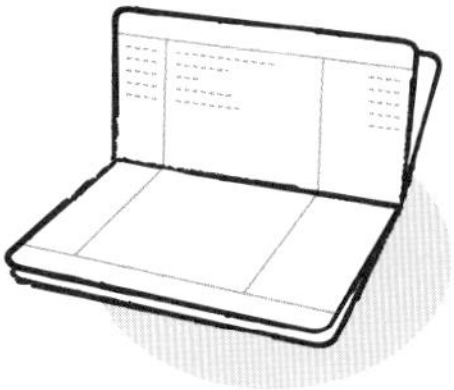

※ 支給限度額は、市区町村によって異なることがあるため、正確な額は市区町村の窓口に確認を。

要支援状態・要介護状態の状態像

区分	状態像	
要支援状態	要支援 1・2	日常生活上の基本的動作（※1）については、ほぼ自分で行うことが可能。ただし、要介護状態になる予防に資するよう、手段的日常生活動作（※2）についてなんらかの支援を要する状態。
要介護状態	日常生活上の基本的動作について、自分で行うことが困難であり、なんらかの介護を要する状態。	
	要介護1	要支援状態から、手段的日常生活動作を行う能力がさらに低下し、部分的な介護が必要となる状態。
	要介護2	要介護1の状態に加え、日常生活動作についても部分的な介護が必要となる状態。
	要介護3	要介護2の状態と比較して、日常生活動作および手段的日常生活動作の両方の観点からも著しく低下し、ほぼ全面的な介護が必要となる状態。
	要介護4	要介護3の状態に加え、さらに動作能力が低下し、介護なしには日常生活を営むことが困難となる状態。
	要介護5	要介護4の状態よりさらに動作能力が低下しており、介護なしには日常生活を営むことがほぼ不可能な状態。

※1　食事、排泄、入浴など日常生活を送るための基本的な動作を指す。
※2　買い物や掃除、金銭管理など複雑で高次な日常生活動作を指す。

※厚生労働省「介護保険制度における要介護認定の仕組み」を参考に制作

介護保険サービスの種類

介護保険には下のようなサービスがある。要介護1～5に認定された人はすべてのサービス、要支援１～２に認定された人は予防給付（表内の 予防 ）のサービスが利用できる。

介護の相談・ケアプランの作成	
居宅介護支援 予防 （介護予防支援）	適切なサービスが受けられるようケアマネジャー(介護支援専門員)が本人や家族の希望などに沿ってケアプラン(居宅サービス計画)をつくり、事業所との連絡・調整などのサービスおよび介護給付管理業務を行う。
自宅に訪問	
訪問介護 （ホームヘルプ）	訪問介護員（ホームヘルパー）が自宅を訪問し、食事・排泄・入浴などの介護（身体介護）や、掃除・洗濯・買い物・調理などの生活支援（生活援助）を行う。
訪問入浴介護 予防	看護職員や介護職員が自宅を訪問し、もってきた浴槽で入浴の介護を行う。
訪問看護 予防	看護師などが自宅を訪問し、主治医の指示に基づいて血圧、脈拍などのチェック、清拭、床ずれの処理、かかりつけ医との連絡と調整などのサービスを行う。
訪問リハビリテーション 予防	理学療法士、作業療法士、言語聴覚士などが自宅を訪問し、自立に向けたリハビリテーションを行う。
居宅療養管理指導 予防	医師、歯科医師、薬剤師などが自宅を訪問し、療養上の管理や指導、助言などを行う。
夜間対応型訪問介護	夜間、定期的な巡回や利用者の求めに応じた訪問介護などを行う。
定期巡回・随時対応型訪問介護看護	24時間365日、訪問介護と訪問看護が密接に連携して定期巡回と随時の対応を行う。
施設に通う	
通所介護 （デイサービス）	通所介護の施設に通い、施設では食事や入浴などの支援、機能訓練、口腔機能向上サービスなどを日帰りで提供する。施設は送迎も行う。
通所リハビリテーション （デイケア） 予防	老人保健施設、病院、診療所などの通所リハビリテーション施設に通い、施設では食事や入浴などの支援や機能訓練、口腔機能向上サービスなどを日帰りで提供する。施設は送迎も行う。
地域密着型通所介護	定員18人以下の小規模なデイサービスセンターなどに通い、施設では食事や入浴などの生活支援や、生活機能訓練、口腔機能向上サービスなどを提供する。施設は送迎も行う。
認知症対応型通所介護 予防	認知症の人を対象に少人数で家庭的な雰囲気のなか、食事や入浴などの生活支援や、生活機能訓練を提供する。施設は送迎も行う。
訪問・通い・宿泊の組み合わせ	
小規模多機能型居宅介護 予防	施設への通いを中心に、短期宿泊や利用者の自宅への訪問を組み合わせて、生活支援や機能訓練などのサービスを提供する。
看護小規模多機能型居宅介護（複合型サービス）	施設への通いを中心に、短期宿泊や利用者の自宅への訪問（介護）に加えて、看護師による訪問（看護）も組み合わせて提供する。

短期の宿泊	
短期入所生活介護（ショートステイ）予防	つねに介護が必要な人が介護老人福祉施設（特別養護老人ホーム）等に短期入所し、施設では食事や入浴などの支援や日常生活動作訓練などのサービスを提供する。
短期入所療養介護 予防	医療機関や介護老人保健施設、介護医療院に短期入所し、施設では日常生活上の世話や、医療、看護、機能訓練などのサービスを提供する。
施設などで生活する	
介護老人福祉施設（特別養護老人ホーム）	つねに介護が必要な方が入所し、施設では日常生活の支援や機能訓練、療養上のサービスを提供する。
介護老人保健施設（老健）	在宅復帰を目標に、入所者が可能な限り自立した日常生活を送れるよう、リハビリや必要な医療、介護などのサービスを提供する。
介護療養型医療施設	慢性疾患があって長期の療養が必要な人のために、介護職員が手厚く配置された医療機関で、必要な医療サービスなどを提供する。
特定施設入居者生活介護 予防	介護保険の指定を受けた介護付有料老人ホーム、軽費老人ホームなどが、入所者に入浴、排泄、食事などのサービスを提供する。
介護医療院	長期にわたって療養が必要な人に対し、「日常的な医学管理」や「看取りターミナル」などの医療機能と「生活施設」としての機能を提供する。
地域密着型サービス	
認知症対応型共同生活介護（グループホーム）予防	認知症の高齢者が生活するグループホームにおいて、家庭的な環境と地域住民との交流のもとで、生活支援や機能訓練などを行う。ひとつの共同生活住居に5～9人の利用者が、それぞれ役割をもって家事をするなどして、認知症の進行を緩和し安心して日常生活が送れることを目指す。
地域密着型介護老人福祉施設入所者生活介護	定員29人以下の特別養護老人ホームが、つねに介護が必要な人の入所を受け入れ、入浴、排泄、食事などの介護や機能訓練などのサービスを提供する。
地域密着型特定施設入居者生活介護	介護保険の指定を受けた定員29人以下の介護付有料老人ホーム、養護老人ホームなどで、入浴、排泄、食事などのサービスを提供する。
福祉用具と住宅改修	
福祉用具貸与 予防	自宅で自立した生活を行うために、適切な福祉用具を選ぶための援助・取り付け・調整などを行い、福祉用具を貸与するサービス。「特殊寝台および附属品」、「床ずれ防止用具」など13品目あり、要介護度によって対象となる用具が異なる。
特定福祉用具販売 予防	自宅で自立した生活を行うために、指定された業者が、入浴や排泄用の貸与にはなじまない福祉用具を販売する。「腰掛便座」「簡易浴槽」など5品目あり、要介護度によって対象となる用具は異なる。
住宅改修 予防	対象となるのは、手すりの取り付けや段差の解消など6つの種目。上限20万円までの工事に対して1割または2割の自己負担ですむ。

※従来の「介護療養型医療施設」は、2017年度末で廃止され2024年度まで移行期間が設けられている。

施設入所では介護保険施設と特定施設で負担額は異なる

「在宅」と「施設」で異なる費用の仕組み

介護保険では、「在宅サービス」と「施設サービス」によって費用の仕組みや自己負担額が異なります。

在宅サービスは、1カ月に利用できるサービスの量（支給限度額）が要支援・要介護度別に決められています。いくつかのサービスを組み合わせて利用したとしても、それらを合計した金額が限度額内であれば原則1割負担ですみ、支給限度額を超えた場合は超えた分については自己負担となります（205ページ）。

一方、介護保険施設といわれる施設に入所する場合は施設サービスを利用することになり、費用（施設介護サービス費）として原則1割を負担します。施設の体制や部屋のタイプ、要介護度によって料金が異なるため、入居時に確認しておくことが大切です。

特定施設といわれる施設に入所する場合は、施設の職員によって排泄や入浴などの「特定施設入居者生活介護」が提供され、要介護・要支援度によって決められた定額の料金を支払います。

高額介護サービスで負担軽減

「在宅」「施設」にかかわらず、利用者の費用負担が重くならないようにするため、「高額介護サービス費」の制度があります。これは、1カ月の自己負担額の合計が所得に応じた区分の上限額を超えた場合に、超えた分については申請することで払い戻しされる制度です。ただし、市町村民税の課税状況などによる世帯区分によって負担上限額が異なります。

入所できる施設は2種類

	介護保険施設	特定施設
	・介護老人福祉施設 （特別養護老人ホーム） ・介護老人保健施設 ・介護療養型医療施設（※）	・有料老人ホーム ・経費老人ホーム（ケアハウス） ・サービス付き高齢者向け住宅
特徴	●介護保険のサービスとして要介護認定1以上を受けた人が利用できる(特別養護老人ホームは、原則的に要介護3以上)。 ●入居金は不要。 ●支払いは月額利用料のみ。介護保険が適用され、自己負担は原則1割。 ●有料老人ホームに比べて費用負担が少ない。 ●入居を希望する人が多く、待機期間が長い。	●介護保険法の基準を満たし、都道府県知事または市区町村から事業指定を受けた施設(介護保険の特定施設入居者介護の指定を受けていない施設もあることに注意)。 ●介護保険を申請し、認定を受けた人が入居の対象。 ●支払いは定額制。 ●サービスの形態により、一般型(特定施設の職員が介護サービスを提供)と外部サービス利用型(外部のサービス事業者が介護サービスを提供)がある。

※2024年3月31日までに介護医療院に転換。

高額介護サービス費の対象者と負担上限額

（2021年8月現在）

対象者	負担の上限（月額）
生活保護を受給している人　など	15,000円（個人）
世帯全員が市町村民税非課税かつ公的年金等収入額と合計所得金額の合計が80万円以下の人	24,600円（世帯） 15,000円（個人）
世帯全員が市町村民税非課税	24,600円（世帯）
市民税課税世帯で課税所得が380万円未満に相当する人がいる世帯の人	44,400円（世帯）
市民税課税世帯で課税所得が380万円以上690万円未満に相当する人がいる世帯の人	93,000円（世帯）
市民税課税世帯で課税所得が690万円以上に相当する人がいる世帯の人	140,100円（世帯）

※「世帯」とは、住民基本台帳上の世帯員で、介護サービスを利用した人全員の負担の合計の上限額を指し、「個人」とは、介護サービスを利用した本人の負担の上限額を指す。

65歳以上で介護が必要な場合は要介護認定の申請を

最初の相談は地域包括支援センターへ

介護保険を利用するには、まずは住んでいる地域の市区町村に、「要介護認定」の申請が必要となります。どのようにしたらいいかわからないときは、「地域包括支援センター」の相談窓口に問い合わせてください。

地域包括支援センターは市区町村が設置しており、自治体から委託された社会福祉協議会や社会福祉法人などが運営しています。多くは、中学校区域にひとつの地域包括支援センターがあります。

要介護度に合わせてサービスがスタート

要介護認定の申請ができるのは、基本的には介護を必要としている本人または家族ですが、むずかしい場合は地域包括支援センターなどの職員が、申請を代行することも可能です。

介護保険サービスの内容は、要介護度に応じて決まっており、要介護1～5の人のサービス計画書（ケアプラン）は介護支援専門員（ケアマネジャー）に、要支援1～2の人のケアプランは地域包括支援センターに依頼できます。

いずれの場合も、介護保険サービスはこのケアプランをもとに行われます。

なお、障害者が65歳になると障害福祉サービスに相当する介護保険サービスがある場合は、原則的に介護保険サービスを受けることになります。もちろん、一律に介護保険が優先されるのではなく、個人の状況に応じて判断されます。

介護保険サービス利用までの流れ

❶ 要介護認定の申請

本人または家族が市町村に申請
（介護保険被保険者証が必要）

↓

❷ 主治医意見書

市町村の依頼で、主治医が心身の状況について
意見書を作成

意見書

↓

❸ 訪問調査

市町村の職員が自宅を訪問して
心身の状態を審査

↓

❹ 要介護度の決定

認定通知結果

※ 認定で「非該当」の場合も、市区町村が行っている地域支援事業などで、生活支援サービスが利用できる場合がある。

要介護
決定

↓

❺ 要介護・要支援と認定

要介護

↓

❻ 介護（介護予防）サービス計画書（ケアプラン）の作成

↓

❼ 介護サービス利用の開始

ケアプランに基づき、さまざまな
サービスを利用

ケア

ケーススタディ

兄弟姉妹にかかる重圧

ダウン症のある
Qさん
（30歳）

Qさんは両親と2人の姉の5人家族です。父親は育児に無関心で、母親がひとりでQさんの面倒をみてきました。その母親が2年前にがんで亡くなると、Qさんの世話をめぐって家族の仲が険悪になり、けんかばかりの毎日になってしまいました。

結局、長女がQさんの面倒をみることになりました。次女は公的支援を利用すればいいと考えていたのですが、母親が生前、兄弟仲良く暮らすようにと願っていたことから、長女は弟の面倒をみるのは当たり前だと思っていました。

▼

長女がQさんの面倒をみるようになったものの、Qさんは病気がちで長女は会社を早退したり休んだりすることが増え、ついに会社をやめることになりました。長女の疲労を心配したQさんの支援者が、ヘルパーの利用をすすめましたが、他人が家に入ることを父親が反対。父親と長女の関係はますます悪化してしまいました。

この状況をみかねた次女が、支援者と相談してグループホームへの入所を進めることになりました。

父親は利用料がかかることで不満をもらしていましたが、家族が穏やかに暮らすことが、Qさんの落ち着いた生活につながることを支援者といっしょに根気よく説得し、ようやくグループホームの申し込みに至りました。

ケーススタディ

法人後見人で将来も安心

知的障害のある
Rさん
（40歳代）

Rさんの母親は自身が末期がんであることが判明したため、「知的障害のある息子に法定後見人を付けてほしい」と支援者に依頼しました。

▼

急きょ行政に働きかけたところ、行政のケースワーカー主体で法人後見人（※）を選定することができました。法人後見人には財産管理だけでなく、身上監護（診療、手術の同意、サービスの契約などの手続き）も担ってもらうことができました。先々のことを考えると、長い期間をサポートしてくれる法人後見にできたことで、母親も安心できました。

現在、Rさんは就労継続支援を利用しながらグループホームで生活しています。

※後見人には個人だけでなく、社会福祉協議会や司法書士法人などの法人がなることも可能。

こんなときは ここに相談

18歳未満の児童に関するさまざまな問題を相談したいとき	●児童相談所
障害者が受けられる支援について相談したいとき	●保健所 ●市町村の障害福祉課
子どもに発達障害があるのではないとか心配なとき	●保健所 ●市町村保健センター ●児童相談所 ●子育て支援センター ●発達障害者支援センター
精神障害に関する専門的な相談をしたいとき、社会復帰について相談したいとき	●精神保健福祉センター
仕事に就きたい時、求職活動のしかたを教えてもらいたいとき	●ハローワーク
職業訓練、職場実習のあっせん、就職した後での生活面での支援を受けたいとき	●障害者就業・生活支援センター

仕事の能率を上げたいときや職場のコミュニケーションをよくしたいとき	●地域障害者職業センター ●ハローワーク
仕事で不当な差別的扱いを受けたり、合理的配慮を提供してもらえなくて困ったりしたとき	●市区町村の障害福祉課　など
障害者手帳の取得の申請をするとき	●市区町村の障害福祉課
福祉サービスの利用を申請したいとき	●市区町村の障害福祉課
障害福祉サービスなどの利用計画の相談や作成の支援が必要なとき	●市区町村の障害福祉課 ●指定特定相談支援事業者 ●指定障害児相談支援事業者
成年後見制度について知りたいとき、利用しようか迷っているとき	●社会福祉協議会
入所施設や精神科病院等からの退所・退院に当たって支援が必要なとき	●指定一般相談支援事業者
賃貸契約による公営住宅や民間の賃貸住宅への入居を希望しているとき（保証人がいないなどの理由により入居が困難な場合）	●市区町村の障害福祉課 ●指定特定相談支援事業者 ●指定一般相談支援事業者
障害年金について相談したいとき	●最寄りの年金事務所 ●日本年金機構

索引

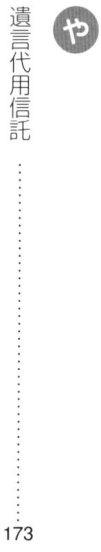

参考文献

『障害福祉のあんない 2020』横浜市
『障がい者のしおり 2019』足立区
『障害者のしおり 2018・2019』世田谷区
『これならわかる障害者総合支援法と支援サービスのしくみと手続き』
若林美佳 (三修社)

参考サイト

厚生労働省
東京都福祉保健局
最高裁判所
横浜市
足立区
世田谷区
国税庁
WAM NET(ワムネット)
独立行政法人高齢・障害・求職者雇用支援機構

● 監修者プロフィール
社会福祉法人和枝福祉会
昭和63年より横浜市内において、障害者施設、児童施設、保育園、特別養護老人ホーム、診療所を運営する社会福祉法人。

● 編者プロフィール
櫻井和典（さくらい　かずのり）
社会福祉法人和枝福祉会理事長。社会福祉法人ル・プリ理事。

前川　涼（まえかわ　りょう）
社会福祉法人ル・プリ ひかりの園施設長。社会福祉士。

●執筆協力　：ケイワークス、小宮千寿子、田原朋子
●本文デザイン：田中深雪
●イラスト　：小野寺美恵
●編集協力　：ロム・インターナショナル
●編集担当　：原 智宏（ナツメ出版企画）

本書に関するお問い合わせは、書名・発行日・該当ページを明記の上、下記のいずれかの方法にてお送りください。電話でのお問い合わせはお受けしておりません。
・ナツメ社webサイトの問い合わせフォーム
　https://www.natsume.co.jp/contact
・FAX（03-3291-1305）
・郵送（下記、ナツメ出版企画株式会社宛て）
なお、回答までに日にちをいただく場合があります。正誤のお問い合わせ以外の書籍内容に関する解説・個別の相談は行っておりません。あらかじめご了承ください。

一生涯にわたる安心を！
障害のある子が受けられる支援のすべて

2021年 8 月 1 日　初版発行
2024年 7 月 1 日　第5刷発行

監修者　社会福祉法人和枝福祉会
発行者　田村 正隆

発行所　株式会社ナツメ社
　　　　東京都千代田区神田神保町1-52　ナツメ社ビル1F（〒101-0051）
　　　　電話　03（3291）1257（代表）　FAX　03（3291）5761
　　　　振替　00130-1-58661
制　作　ナツメ出版企画株式会社
　　　　東京都千代田区神田神保町1-52　ナツメ社ビル3F（〒101-0051）
　　　　電話　03（3295）3921（代表）
印刷所　ラン印刷社

ISBN978-4-8163-7065-6　Printed in Japan
〈定価はカバーに表示してあります〉〈乱丁・落丁本はお取り替えします〉